# Allan Shepard

## Rituais Antigos
Celebração dos Ciclos da Espiritualidade Celta

Título Original: Rituais Antigos
Copyright © 2025, publicado por Luiz Antonio dos Santos ME.

Este livro é uma obra de não-ficção que explora a espiritualidade celta, seus rituais, crenças e práticas ancestrais. Através de uma abordagem detalhada, o autor apresenta os festivais, mitos, símbolos e tradições celtas, oferecendo um guia para aqueles que desejam se conectar com essa sabedoria antiga.

1ª Edição
Equipe de Produção

Autor: Allan Shepard
Editor: Luiz Santos
Capa: Studios Booklas/ Miguel Ferraz
Consultor: Ricardo Meneses
Pesquisadores: Helena Duarte, Roberto Vasconcelos, Cláudia Mendes
Diagramação: Daniel Fontes/ Carolina Braga

Publicação e Identificação
Rituais Antigos – Celebração dos Ciclos da Espiritualidade Celta
Booklas, 2025
Categorias: Espiritualidade/ História das Religiões
DDC: 299.16 – CDU: 2-67

Todos os direitos reservados a:
Luiz Antonio dos Santos ME / Booklas
Nenhuma parte deste livro pode ser reproduzida, armazenada num sistema de recuperação ou transmitida por qualquer meio — eletrônico, mecânico, fotocópia, gravação ou outro — sem a autorização prévia e expressa do detentor dos direitos autorais.

# Sumário

Rituais Antigos ............................................................. 1
Índice Sistemático ......................................................... 5
Prologo ........................................................................ 10
Parte I Fundamentos da Espiritualidade Celta ............ 12
Capítulo 1 O Despertar ................................................ 12
Capítulo 2 Cosmovisão Celta ....................................... 18
Capítulo 3 Deuses e Deusas ......................................... 24
Capítulo 4 Espaços Sagrados ....................................... 30
Capítulo 5 Preparação Ritualística .............................. 36
Capítulo 6 Símbolos Celtas .......................................... 42
Capítulo 7 Ogham O Oráculo ...................................... 46
Capítulo 8 Magia Natural ............................................. 52
Parte II: Rituais da Roda do Ano ................................. 58
Capítulo 9 Samhain Honrando os Ancestrais ............. 58
Capítulo 10 Yule O Solstício de Inverno ..................... 64
Capítulo 11 Imbolc: A Purificação .............................. 70
Capítulo 12 Ostara O Equinócio da Primavera .......... 76
Capítulo 13 Beltane O Fogo Sagrado .......................... 82
Capítulo 14 Litha O Solstício de Verão ....................... 87
Capítulo 15 Lughnasadh A Primeira Colheita ............ 93
Capítulo 16 Mabon O Equinócio de Outono .............. 99
Parte III Rituais de Passagem e Celebrações ............. 105
Capítulo 17 Nascimento e Nomeação ........................ 105
Capítulo 18 Iniciação O Despertar ............................. 111

Capítulo 19 Uniões Sagradas .................................................. 118
Capítulo 20 Ritos de Cura ...................................................... 122
Capítulo 21 Adivinhação Celta .............................................. 128
Capítulo 22 Transição e Morte ............................................... 134
Capítulo 23 O Despertar da Alma Celta ................................. 139
Capítulo 24 Rituais de Gratidão ............................................. 145
Parte IV Aprofundamento e Prática Avançada ...................... 151
Capítulo 25 Magia Celta Avançada ........................................ 151
Capítulo 26 Jornadas Xamânicas ............................................ 157
Capítulo 27 A Tradição Druídica ........................................... 163
Capítulo 28 A Senda do Bardo ............................................... 169
Capítulo 29 O Caminho do Guerreiro ..................................... 175
Capítulo 30 A Cura da Terra .................................................. 180
Capítulo 31 Vivendo a Espiritualidade Celta .......................... 186
Capítulo 32 O Legado Celta ................................................... 195

# Índice Sistemático

Capítulo 1: O Despertar - Introduz a espiritualidade celta como um caminho para reconectar com a natureza, os ciclos da vida e a magia que permeia todas as coisas.

Capítulo 2: Cosmovisão Celta - Explora a visão de mundo dos celtas, que viam o tempo como cíclico e a natureza como sagrada, e apresenta a Roda do Ano com seus oito festivais.

Capítulo 3: Deuses e Deusas - Mergulha no panteão celta, descrevendo as principais divindades e seus atributos, como a Deusa Mãe, o Deus Cornífero e o Deus da Luz.

Capítulo 4: Espaços Sagrados - Aborda a importância dos espaços naturais como bosques, fontes, montanhas e círculos de pedra, considerados locais de poder e conexão com o Outro Mundo.

Capítulo 5: Preparação Ritualística - Detalha os passos para a preparação de um ritual celta, incluindo a purificação do corpo e do ambiente, a proteção energética e o uso de ferramentas ritualísticas.

Capítulo 6: Símbolos Celtas - Apresenta os principais símbolos celtas, como o Triskle, a Triquetra, a Cruz Celta e a Árvore da Vida, explorando seus significados e como usá-los na prática espiritual.

Capítulo 7: Ogham: O Oráculo - Descreve o Ogham, o alfabeto das árvores, como um sistema de escrita, oráculo e ferramenta mágica, e explica como utilizá-lo para adivinhação e conexão com a natureza.

Capítulo 8: Magia Natural - Explora a prática da magia natural celta, que se baseia na conexão com os elementos da natureza, as plantas, as pedras e outras forças naturais para cura, proteção e manifestação.

Capítulo 9: Samhain: Honrando os Ancestrais - Detalha o festival de Samhain, que celebra o fim do verão e o início do inverno, e apresenta rituais para honrar os ancestrais e se conectar com o Outro Mundo.

Capítulo 10: Yule: O Solstício de Inverno - Explora o festival de Yule, que celebra o renascimento do sol e a esperança, e descreve rituais como a queima do tronco de Yule, a decoração com plantas verdes e a meditação sobre a luz.

Capítulo 11: Imbolc: A Purificação - Apresenta o festival de Imbolc, que celebra o despertar da terra e a purificação, e detalha rituais como a limpeza de primavera, a criação de um altar para Brigid e o ritual da chama sagrada.

Capítulo 12: Ostara: O Equinócio da Primavera - Explora o festival de Ostara, que celebra o equilíbrio entre luz e escuridão, e descreve rituais como a decoração com flores, o plantio de sementes e a busca por ovos.

Capítulo 13: Beltane: O Fogo Sagrado - Detalha o festival de Beltane, que celebra o auge da primavera e a fertilidade, e apresenta rituais como a fogueira, a dança ao redor do mastro de maio e a celebração da união.

Capítulo 14: Litha: O Solstício de Verão - Explora o festival de Litha, que celebra o auge do poder do sol, e descreve rituais como observar o nascer do sol, acender fogueiras e expressar gratidão pela abundância.

Capítulo 15: Lughnasadh: A Primeira Colheita - Apresenta o festival de Lughnasadh, que celebra a primeira colheita, e detalha rituais como a confecção do pão de Lammas, a criação de um altar e a oferenda de alimentos à natureza.

Capítulo 16: Mabon: O Equinócio de Outono - Explora o festival de Mabon, que celebra o equilíbrio e a colheita final, e descreve rituais como a criação de um altar com símbolos do outono, a expressão de gratidão e a busca por equilíbrio interior.

Capítulo 17: Nascimento e Nomeação - Detalha os rituais celtas que envolvem o nascimento de uma criança, como o banho purificador, a proteção com amuletos e a cerimônia de nomeação.

Capítulo 18: Iniciação: O Despertar - Explora o processo de iniciação na cultura celta, que marca a passagem da infância para a vida adulta e envolve aprendizado, desafios e rituais de reconhecimento.

Capítulo 19: Uniões Sagradas - Aborda o casamento celta como um ritual de união entre duas almas, descrevendo diferentes formas de casamento e os rituais que envolvem a cerimônia.

Capítulo 20: Ritos de Cura - Detalha as práticas de cura celtas, que visavam restaurar o equilíbrio entre corpo, mente e espírito, utilizando ervas medicinais, hidroterapia, cromoterapia, magia e encantamentos.

Capítulo 21: Adivinhação Celta - Explora os métodos de adivinhação utilizados pelos celtas, como o Ogham, a interpretação de sinais da natureza, os sonhos e a vidência.

Capítulo 22: Transição e Morte - Apresenta a visão celta sobre a morte como uma transição para o Outro Mundo, descrevendo os rituais funerários e a crença na imortalidade da alma e na reencarnação.

Capítulo 23: O Despertar da Alma Celta - Discute o despertar da alma celta como um caminho de reconexão com a natureza, com os ancestrais e com a magia, e como integrar a espiritualidade celta no dia a dia.

Capítulo 24: Rituais de Gratidão - Detalha a importância da gratidão na espiritualidade celta e apresenta diferentes rituais para expressar gratidão, como orações, oferendas à natureza e a criação de um diário de gratidão.

Capítulo 25: Magia Celta Avançada - Explora a magia celta avançada, que envolve o aprofundamento na conexão com a natureza, com as divindades e com os elementos, além do domínio da energia vital e o uso de ferramentas mágicas.

Capítulo 26: Jornadas Xamânicas - Aborda as jornadas xamânicas na tradição celta, descrevendo como realizar essas viagens da consciência para acessar outros reinos e se conectar com guias espirituais e animais de poder.

Capítulo 27: A Tradição Druídica - Explora a tradição druídica, descrevendo o papel dos druidas como sacerdotes, juízes, curandeiros e guardiões da sabedoria ancestral, e como se conectar com essa tradição nos dias de hoje.

Capítulo 28: A Senda do Bardo - Apresenta o papel do bardo na cultura celta como guardião da memória, transmissor da história e educador, e como seguir a senda do bardo na contemporaneidade.

Capítulo 29: O Caminho do Guerreiro - Detalha o papel do guerreiro celta como defensor da tribo, protetor da terra e modelo de coragem e honra, e como aplicar os ensinamentos do guerreiro na vida moderna.

Capítulo 30: A Cura da Terra - Discute a visão celta da Terra como um ser vivo e sagrado, e como os rituais de cura da Terra podem nos inspirar a cuidar do planeta e viver de forma mais sustentável.

Capítulo 31: Vivendo a Espiritualidade Celta - Detalha como integrar a espiritualidade celta no dia a dia, conectando-se com a natureza, honrando os ciclos da vida, expressando gratidão, desenvolvendo a intuição e vivendo com autenticidade e propósito.

Capítulo 32: O Legado Celta - Explora a influência duradoura da cultura celta no mundo moderno, desde a arte e a literatura até a música, a espiritualidade e os valores, e como podemos honrar e preservar esse legado.

# Prologo

Em um mundo onde a tecnologia conecta tudo, menos a alma, a humanidade se vê diante de um vazio que as religiões modernas já não preenchem. Este livro mergulha nas raízes da espiritualidade celta, onde os deuses habitavam florestas, rios e estações, e o sagrado era tão vital quanto o ar que se respira. Os celtas não veneravam divindades distantes — viviam em diálogo constante com o invisível, encontrando nas tempestades, nas colheitas e até na morte a presença de um mistério que unia todos os seres.

A modernidade, ao substituir altares por algoritmos, afastou-nos dessa conexão primal. Mas hoje, em meio ao cansaço de um progresso que prometeu respostas e entregou fragmentos, voltamos os olhos para o passado. Nas tradições celtas, redescobrimos uma religiosidade sem dogmas, onde a terra não é um recurso, mas um templo; onde o tempo não é linear, mas cíclico; e onde a espiritualidade não se enclausura em templos, mas pulsa em cada ato cotidiano.

Este não é um livro sobre história ou mitologia. É um chamado à reconexão. Uma jornada que revela como, paradoxalmente, a mesma era que nos alienou dos deuses antigos agora nos fornece as ferramentas para resgatá-los. Nas vozes dos druidas, nos ritmos das estações e na sabedoria de um povo que via o divino em tudo, encontramos pistas para curar a desconexão da alma moderna.

" *Rituais Antigos* "não oferece respostas prontas — convida você a desacelerar, ouvir o sussurro das folhas e, talvez, reencontrar a espiritualidade que nunca deixou de existir: selvagem, livre e profundamente humana.

Luiz Santos
Editor

# Parte I
# Fundamentos da Espiritualidade Celta

## Capítulo 1
## O Despertar

A espiritualidade celta é um convite para retornar às nossas raízes, à sabedoria ancestral que ecoa em nossas almas. É um chamado para reconectar com a natureza, com os ciclos da vida e com a magia que permeia todas as coisas. Mais do que uma religião, a espiritualidade celta é um modo de vida, uma filosofia que nos ensina a viver em harmonia com o mundo ao nosso redor e com o nosso próprio ser.

A espiritualidade celta não se apresenta como um sistema fechado, delimitado por dogmas inflexíveis ou regras imutáveis. Em vez disso, ela se manifesta como um caminho fluido e profundamente pessoal, no qual cada indivíduo é convidado a descobrir sua própria maneira de se conectar com o divino, com a natureza e com a ancestralidade. Trata-se de uma jornada de autodescoberta, onde a espiritualidade se entrelaça à vivência cotidiana, permitindo que cada um construa sua própria relação com os mistérios do universo.

Os celtas, povos que habitaram diversas regiões da Europa desde a Idade do Ferro até a Idade Média, possuíam uma ligação visceral com a terra. Para eles, a natureza não era apenas um ambiente onde a vida se desenrolava, mas sim uma manifestação sagrada da divindade. Cada árvore, cada rio, cada montanha e cada criatura eram dotados de uma energia única e uma presença espiritual. Os ciclos das estações, o nascimento e a morte, a renovação da vida – tudo fazia parte de uma grande teia interligada, onde nada existia isoladamente. Essa consciência da interconexão entre todas as coisas permeava sua cultura, seus rituais e sua forma de ver o mundo.

Na visão celta, o universo não era apenas matéria e físico, mas também espiritual e invisível. Existiam forças sutis atuando em todos os aspectos da existência, conectando os seres vivos através de fios invisíveis de energia. Para honrar essa interligação, os celtas realizavam festivais sazonais, contavam histórias sagradas e entoavam canções que transmitiam a sabedoria ancestral. Dessa forma, celebravam a sacralidade da vida e reforçavam o elo entre os vivos, os ancestrais e os espíritos da natureza.

Dentro dessa visão, a alma humana era considerada eterna e cíclica. Cada ser carregava dentro de si uma centelha divina, uma essência sagrada que transcende o tempo e o espaço. A alma celta era compreendida como uma viajante, que percorria diversas existências, acumulando conhecimento e evoluindo a cada experiência. A morte, portanto, não representava um fim definitivo, mas sim uma transição –

um retorno ao ventre da Grande Mãe, onde a alma repousava e se preparava para uma nova encarnação. A crença na continuidade da vida, na transformação constante e na renovação da energia era um dos pilares fundamentais dessa espiritualidade.

Para os celtas, a natureza era a grande mestra. Eles observavam atentamente os ciclos das estações, o movimento dos astros e o comportamento dos animais, buscando aprender com os ritmos e padrões do mundo natural. Acreditavam que cada elemento da natureza continha um ensinamento oculto, esperando para ser compreendido por aqueles que estivessem dispostos a ouvir. As árvores, em especial, eram reverenciadas como guardiãs do conhecimento e do poder mágico. Cada espécie possuía uma energia única e era associada a determinadas qualidades espirituais. Os druidas, sacerdotes e sábios celtas, utilizavam as árvores para rituais de cura, adivinhação e conexão com as divindades.

Os espaços naturais também eram considerados sagrados, pois eram vistos como pontos de grande concentração de energia. Rios, lagos, montanhas, cavernas e florestas eram locais de poder, onde o véu entre os mundos era mais tênue. Nesses lugares especiais, os celtas realizavam cerimônias, faziam oferendas e buscavam orientação espiritual. A relação com esses locais não era de dominação ou exploração, mas sim de respeito e reverência.

Dentro da mitologia celta, os deuses e deusas não eram figuras distantes ou inacessíveis, mas sim forças vivas que representavam diferentes aspectos da natureza, da psique humana e do cosmos. Cada divindade carregava em si características que refletiam experiências e desafios da jornada humana. Ao nos conectarmos com esses deuses, despertamos essas qualidades dentro de nós mesmos, encontrando força, inspiração e sabedoria para enfrentar nossas próprias batalhas internas e externas.

A deusa Brigid, por exemplo, é uma das mais conhecidas do panteão celta. Representando o fogo, a poesia, a cura e a arte da metalurgia, ela simboliza a criatividade, a inspiração e a capacidade de transformar a matéria e a mente. Seu culto está associado à chama eterna do conhecimento e à proteção dos lares e das famílias. Já o deus Lugh, mestre de todas as artes e guerreiro habilidoso, é uma divindade que encarna a excelência, a liderança e a luz que dissipa a escuridão. Seu mito ensina a importância da versatilidade e da busca pelo aprimoramento contínuo.

Os rituais celtas eram formas de estabelecer contato com essas energias e celebrar a sacralidade da existência. Cada cerimônia era um momento de comunhão com o divino, com os ancestrais e com os elementos da natureza. Os rituais podiam variar em complexidade, desde pequenas preces individuais até grandes festivais comunitários. No entanto, todos compartilhavam o objetivo de criar um espaço sagrado, um tempo fora do tempo, onde era possível se conectar com as forças espirituais e receber sua orientação.

Esses rituais não apenas honravam os ciclos da natureza e as passagens da vida, mas também serviam como ferramentas de cura e transformação. Através deles, os celtas expressavam gratidão pelas bênçãos recebidas, buscavam proteção e purificação, e fortaleciam sua ligação com os mistérios do universo. O ato de participar de um ritual era visto como um compromisso com a própria espiritualidade e um passo em direção à harmonização com o fluxo natural da existência.

Aqueles que desejavam aprofundar-se nesse caminho espiritual precisavam compreender que essa jornada era um processo gradual. Tornar-se um discípulo da tradição celta exigia dedicação, disciplina e uma disposição sincera para aprender e evoluir. O conhecimento não era algo simplesmente transmitido de forma passiva, mas sim conquistado através da vivência, da observação e da prática constante.

Neste livro, serão apresentados ensinamentos que guiarão o leitor pelos fundamentos da espiritualidade celta. Você aprenderá a criar espaços sagrados, a trabalhar com os elementos da natureza, a honrar os deuses e a celebrar os ciclos do ano. Cada capítulo abrirá uma nova porta para a compreensão desse caminho e oferecerá práticas e reflexões que permitirão um contato mais profundo com essa sabedoria ancestral.

Ao trilhar essa jornada, você se tornará mais consciente da interconexão entre todas as coisas, da presença do sagrado em cada aspecto da vida e da sua própria centelha divina. A espiritualidade celta é um convite para despertar o seu verdadeiro potencial, para viver com mais autenticidade e para se reconectar com a essência da existência. Que os deuses antigos guiem seus passos e que a magia da vida sempre esteja ao seu redor!

# Capítulo 2
# Cosmovisão Celta

A cosmovisão celta é um intricado e belo sistema de crenças que molda a forma como os antigos celtas viam o mundo, o tempo, a vida e a morte. É uma visão de mundo profundamente enraizada na natureza, na interconexão de todas as coisas e na crença em múltiplos reinos de existência. Compreender a cosmovisão celta é fundamental para qualquer praticante da espiritualidade celta, pois ela serve como base para todos os rituais, crenças e práticas.

A Roda do Ano era mais do que um simples calendário para os celtas; era um reflexo dos ciclos da natureza e da própria existência. Para eles, o tempo não avançava de maneira linear, como um caminho reto que leva do passado ao futuro, mas sim em círculos, sempre retornando ao ponto de origem, renovando-se em um eterno fluxo de nascimento, crescimento, declínio, morte e renascimento. A observação cuidadosa dos padrões naturais – a mudança das estações, o movimento dos astros, os ciclos de plantio e colheita – os levou a estruturar a Roda do Ano em oito festivais principais, cada um representando um momento específico desse ciclo e carregado de simbolismo e significado espiritual.

O ciclo começava com Samhain, celebrado em 31 de outubro, considerado o Ano Novo Celta. Era um período de transição, onde o véu entre o mundo dos vivos e dos mortos se tornava mais fino, permitindo a comunicação com os ancestrais. As comunidades se reuniam para homenagear aqueles que partiram, acendendo velas e realizando banquetes em sua memória. Era um tempo de introspecção, marcado pelo fim da colheita e a preparação para os meses mais frios e sombrios do ano.

Em seguida vinha Yule, celebrado no solstício de inverno, por volta de 21 de dezembro. Era a noite mais longa do ano, mas também um momento de esperança, pois marcava o renascimento do sol. Para celebrar essa renovação da luz, acendiam-se fogueiras e tochas, simbolizando a vitória da claridade sobre a escuridão. Árvores eram decoradas com símbolos de prosperidade e proteção, prática que se mantém viva até hoje em tradições natalinas.

Com a chegada de fevereiro, ocorria Imbolc, nos dias 1 ou 2 do mês. Esse festival estava ligado à purificação, à renovação e ao despertar da vida adormecida sob o gelo do inverno. Era dedicado à deusa Brigid, patrona da poesia, da cura e da fertilidade. Velas eram acesas para iluminar o caminho da primavera, e rituais de limpeza eram realizados, tanto no ambiente quanto no espírito.

No equinócio da primavera, por volta de 21 de março, celebrava-se Ostara, período de equilíbrio entre luz e escuridão. A natureza florescia, e esse renascimento era celebrado com a semeadura de novas intenções, refletindo o crescimento e a fertilidade desse período. O símbolo do ovo, que representa a vida em potencial, era reverenciado, assim como as lebres, animais associados à deusa Eostre.

O auge da primavera era marcado por Beltane, no dia 1º de maio, um festival vibrante e repleto de energia, que celebrava a fertilidade, a paixão e a união dos opostos. Fogos sagrados eram acesos para purificar e fortalecer a terra, e jovens dançavam ao redor do mastro de maio -Maypole-, entrelaçando fitas coloridas que simbolizavam a interconexão da vida.

No solstício de verão, aproximadamente em 21 de junho, acontecia Litha, o festival que celebrava o ápice do poder do sol. Era um tempo de abundância e gratidão pela fartura da natureza. Fogueiras eram acesas para fortalecer a luz e afastar influências negativas, e ervas medicinais colhidas nessa noite eram consideradas especialmente poderosas.

O início da colheita era comemorado com Lughnasadh, em 1º de agosto, um momento de agradecer pelos frutos da terra e honrar o esforço do trabalho árduo. Nomeado em homenagem ao deus Lugh, esse festival incluía competições esportivas, casamentos temporários e o compartilhamento do primeiro pão feito com os grãos recém-colhidos.

Por fim, o equinócio de outono, Mabon, por volta de 21 de setembro, marcava o equilíbrio entre o dia e a noite. Era um período de introspecção e de preparação para o inverno que se aproximava. As últimas colheitas eram realizadas, e agradecimentos eram feitos pelos alimentos e pelas bênçãos recebidas ao longo do ano.

Como um espelho de Ostara, Mabon simbolizava a necessidade de recolhimento e reflexão antes do encerramento do ciclo em Samhain.

Esses festivais não eram apenas celebrações; eram momentos sagrados em que os celtas se alinhavam com os ritmos da natureza, fortalecendo sua conexão com os deuses, os espíritos e a própria essência da vida. Cada celebração envolvia rituais específicos, oferendas, danças, músicas e banquetes, criando uma profunda sensação de pertencimento e continuidade.

Além da Roda do Ano, a cosmovisão celta reconhecia os quatro elementos primordiais – terra, ar, fogo e água – como forças vitais que permeavam o mundo e influenciavam a existência. A terra representava estabilidade, nutrição e segurança; o ar simbolizava intelecto, movimento e comunicação; o fogo era associado à transformação, paixão e criatividade; e a água, à intuição, cura e emoções. O equilíbrio entre esses elementos era essencial para manter a harmonia na vida e nos rituais.

Outro conceito fundamental era a existência dos três reinos interligados: Terra -Talamh-, Mar -Muir- e Céu -Neamh-. A Terra representava o mundo material, onde humanos e animais viviam e interagiam. O Mar era o reino dos mistérios profundos, das emoções e da magia fluida. O Céu, por sua vez, era a morada dos deuses e da inspiração, um local de sabedoria e transcendência. Esses reinos não eram separados, mas interconectados, e os celtas acreditavam que era possível viajar entre eles por meio de sonhos, meditação e rituais.

No coração dessa visão estava a teia da vida, um conceito que refletia a interconexão de todas as coisas. Para os celtas, cada pensamento, ação e palavra tinha um impacto no todo, e respeitar esse equilíbrio era fundamental para viver em harmonia com a natureza e com os outros seres.

Além do mundo visível, os celtas também acreditavam no Outro Mundo -Anwynn, Sidhe-, um reino invisível habitado por deuses, ancestrais e seres feéricos. Esse plano mágico se sobrepunha ao mundo físico, especialmente em locais sagrados como bosques, montes e rios. Era possível acessá-lo por meio de portais naturais ou estados alterados de consciência, e muitos rituais eram realizados para honrar e se comunicar com essas forças espirituais.

A crença na jornada da alma também era central para os celtas, que viam a morte não como um fim, mas como uma transição. A reencarnação fazia parte desse ciclo, onde a alma retornava repetidas vezes para continuar aprendendo e evoluindo. A morte era um retorno ao útero da Grande Mãe, um período de descanso antes de renascer para uma nova experiência. Por isso, os ancestrais eram profundamente reverenciados, pois sua sabedoria permanecia viva, guiando e protegendo os vivos.

A cosmovisão celta, com sua riqueza de símbolos e sua profunda conexão com a natureza, não era apenas um conjunto de crenças, mas um modo de viver. Era um convite para enxergar a vida como um ciclo contínuo, onde tudo está interligado e onde cada momento tem seu próprio valor dentro da grande dança do universo.

Compreender a cosmovisão celta é essencial para se aprofundar na espiritualidade e nos rituais desse povo antigo. É uma visão de mundo rica em simbolismo, magia e sabedoria, que nos convida a viver em harmonia com a natureza, com os ciclos da vida e com a teia sagrada que une todas as coisas. Nos próximos capítulos, exploraremos como essa cosmovisão se manifesta nos rituais e práticas celtas.

# Capítulo 3
# Deuses e Deusas

O panteão celta é vasto e diversificado, refletindo a rica tapeçaria de culturas e tradições que compunham o mundo celta antigo. Longe de ser um sistema unificado, as divindades celtas variam de região para região, com diferentes nomes, atributos e histórias. No entanto, certos temas e arquétipos emergem, revelando a profunda conexão dos celtas com a natureza, a fertilidade, a guerra, a soberania e o Outro Mundo.

A natureza multifacetada das divindades celtas revela um aspecto fundamental da espiritualidade desse povo: a crença de que os deuses e deusas não eram figuras imutáveis e fixas, mas forças vivas, fluidas e dinâmicas, que se manifestavam de diferentes formas conforme o contexto. Ao contrário de muitas tradições que atribuem aos deuses características rígidas e antropomórficas, os celtas enxergavam suas divindades como expressões da própria natureza, incorporando seus ciclos, suas mutações e suas múltiplas facetas. Assim, um mesmo deus ou deusa podia apresentar-se de maneiras distintas para diferentes povos, regiões ou momentos da vida.

Essa fluidez se manifesta, por exemplo, na figura da deusa da soberania. Seu papel era garantir a legitimidade dos reis e a prosperidade das terras que governavam. Contudo, sua aparência e seu nome mudavam de acordo com o povo que a cultuava. Na Irlanda, ela se manifestava como Medb, uma rainha guerreira associada à força, ao desejo e à autoridade. Em outro momento, tornava-se Ériu, a própria personificação da ilha da Irlanda, cujo nome ecoa até os dias de hoje. Já no País de Gales, assumia a forma de Rhiannon, uma deusa ligada à fertilidade, à realeza e ao Outro Mundo. O mais interessante é que essa mesma deusa podia aparecer ora como uma jovem sedutora e encantadora, ora como uma poderosa rainha madura, ora como uma anciã sábia e misteriosa, e até mesmo na forma de um animal sagrado, como uma égua mágica. Esses diferentes aspectos revelam a compreensão celta da natureza divina como algo em constante transformação, refletindo os próprios ciclos da vida, da morte e do renascimento.

Outro arquétipo recorrente na mitologia celta é o da Deusa Mãe, a fonte primordial de toda criação. Ela representa a fertilidade, a nutrição e a terra que sustenta todas as criaturas. Em algumas tradições, aparece sob o nome de Danu, na Irlanda, considerada a ancestral dos Tuatha Dé Danann, o povo mítico de deuses e heróis. No País de Gales, é chamada de Dôn, enquanto na Irlanda também pode ser reconhecida como Anu. Muitas vezes, essa deusa assume uma forma tríplice, simbolizando as diferentes fases da vida: a donzela, que representa o início da jornada e o potencial do novo; a mãe, que simboliza a criação, a abundância e o poder de gerar vida; e a anciã, guardiã da sabedoria e do conhecimento profundo.

Ao lado dela, encontramos o Deus Cornífero, uma divindade masculina associada à força vital, à natureza selvagem e à fertilidade. Seu nome mais conhecido é Cernunnos, cultuado principalmente na Gália, mas também aparece em diferentes versões na Inglaterra, como Herne, e na mitologia celta em geral, como o Rei Veado. Representado com chifres de cervo, ele simboliza a conexão com os animais, a terra e o ciclo eterno da vida e da morte. Seu papel não é apenas o de caçador, mas também de protetor e senhor dos reinos naturais, sendo muitas vezes associado à renovação e à abundância.

O panteão celta também inclui figuras como o Deus da Soberania, que protege a tribo e a terra, garantindo justiça e equilíbrio. Entre os exemplos mais notáveis, estão Dagda, o poderoso pai dos deuses irlandeses, dono de um caldeirão mágico que nunca se esvazia, e Nuada, o rei que possuía uma mão de prata, símbolo de seu poder e legitimidade. Já Taranis, venerado na Gália, era um deus associado ao céu e ao trovão, reforçando sua conexão com a realeza e a guerra.

O Deus da Luz e das Artes surge como um arquétipo fascinante, representando a criatividade, o conhecimento e a habilidade em diversas áreas. Lugh, na Irlanda, é um dos mais venerados, conhecido como um mestre de todas as artes, desde a poesia até a guerra. No País de Gales, esse papel é desempenhado por Lleu, enquanto na Gália, ele é reconhecido como Belenos, frequentemente ligado ao sol e à cura.

Brigid, por sua vez, é um dos nomes mais reverenciados entre as divindades celtas. Associada à cura, à poesia e à inspiração, ela é invocada tanto como protetora quanto como guia espiritual. Com o tempo, sua importância foi tão grande que, mesmo após a cristianização, ela foi sincretizada na figura de Santa Brígida, mantendo seu papel como padroeira das artes e da cura.

Além desses exemplos, os celtas cultuavam deuses e deusas da guerra, da morte e do Outro Mundo, como Morrigan, que podia aparecer como uma única deusa ou como uma tríade de irmãs guerreiras. Essas divindades não apenas simbolizavam os desafios e as transformações da vida, mas também serviam como guardiãs dos mistérios da existência.

Para aqueles que desejam se conectar com essas energias ancestrais, não há um caminho único ou uma fórmula rígida. O contato com as divindades celtas é uma experiência pessoal, que pode ser cultivada de diversas formas. O estudo e a pesquisa são os primeiros passos essenciais. Conhecer as histórias, os símbolos e os mitos dos deuses e deusas permite compreender suas manifestações e reconhecer sua presença no dia a dia.

A meditação e a visualização são práticas poderosas para estabelecer essa conexão. Ao fechar os olhos e imaginar-se em um local sagrado, como uma floresta antiga ou um círculo de pedras, é possível visualizar a divindade desejada e sentir sua energia. Criar um altar dedicado a esses deuses é uma maneira concreta de honrá-los, reunindo símbolos, oferendas e elementos que representem sua essência. Velas, incensos, imagens e alimentos sagrados, como grãos, frutas e mel, podem ser utilizados para essa finalidade.

Os rituais também desempenham um papel importante. Desde simples orações e momentos de gratidão até cerimônias mais elaboradas, cada gesto de devoção fortalece o vínculo com o divino. A observação da natureza é outra forma poderosa de se conectar com os deuses celtas, já que eles são manifestações vivas dos ciclos naturais. Perceber as estações, os elementos e os animais ao redor pode revelar mensagens sutis e sinais da presença dessas divindades.

Os sonhos e a intuição são meios pelos quais os deuses podem se comunicar, enviando visões, símbolos ou sentimentos que trazem orientação e ensinamentos. Manter um diário para registrar esses insights pode ajudar a identificar padrões e reconhecer mensagens divinas. Para aqueles que se sentem chamados, a prática das jornadas xamânicas pode ser uma forma profunda de visitar o Outro Mundo e estabelecer contato com essas entidades espirituais.

É fundamental lembrar que cada pessoa tem uma afinidade única com determinadas divindades, e essa conexão deve ser respeitada e cultivada com autenticidade. Honrar os próprios ancestrais também fortalece esse laço, pois muitas vezes eles atuam como intermediários entre o mundo humano e o divino. Acima de tudo, o importante é que essa jornada seja vivida com sinceridade, sem se prender a dogmas ou fórmulas fixas. Os deuses celtas são forças livres, dinâmicas e transformadoras, e nossa relação com eles deve refletir essa mesma liberdade.

A espiritualidade celta não se baseia em verdades absolutas, mas em experiências pessoais, ciclos naturais e na profunda conexão entre o homem e o sagrado. Quem trilha esse caminho encontra não apenas conhecimento e inspiração, mas também um reencontro consigo mesmo e com o mistério do universo.

A conexão com as divindades celtas é uma jornada de descoberta, aprendizado e crescimento. É um caminho que nos leva a uma compreensão mais profunda de nós mesmos, da natureza e do divino. Que este capítulo seja um guia em sua jornada de conexão com os deuses e deusas celtas. Que você possa encontrar inspiração, sabedoria e bênçãos em seu caminho.

# Capítulo 4
# Espaços Sagrados

Na espiritualidade celta, a natureza não é apenas um cenário, mas sim um templo vivo, pulsante de energia divina. Os celtas reconheciam a sacralidade inerente ao mundo natural e criavam espaços sagrados para honrar essa energia, se conectar com os deuses e realizar rituais. Esses espaços podiam ser tanto naturais quanto construídos, permanentes ou temporários, mas todos compartilhavam a característica de serem portais entre os mundos, locais onde o véu entre o visível e o invisível se tornava mais tênue.

A sacralidade da natureza era um princípio fundamental para os celtas, que viam o mundo natural como uma manifestação direta do divino. Não necessitavam de templos grandiosos construídos por mãos humanas, pois consideravam a própria terra um templo vivo. Árvores majestosas, bosques densos, rios serenos, fontes cristalinas, montanhas imponentes, cavernas misteriosas, rochas ancestrais, bem como os astros celestes – o sol, a lua e as estrelas –, todos eram carregados de um significado espiritual profundo. Para os celtas, cada elemento da natureza possuía uma essência sagrada e estava intrinsecamente ligado aos ciclos da vida e do universo.

Essa visão contrasta fortemente com a mentalidade moderna, que frequentemente encara a natureza como um recurso a ser explorado ou um desafio a ser superado. No entanto, para os antigos celtas, a terra era uma mestra, uma guia e uma fonte inesgotável de cura e inspiração. Eles se viam como parte integrante da natureza, nunca separados dela, e buscavam harmonizar-se com seus ritmos e ciclos. A mudança das estações, o fluxo das águas, o soprar dos ventos e o brilho das estrelas não eram apenas fenômenos naturais, mas sim manifestações de forças espirituais que regiam o mundo.

Dessa forma, os celtas identificavam e respeitavam espaços onde a energia da terra se manifestava de forma mais intensa. Esses locais sagrados podiam ser bosques, fontes, montanhas, cavernas ou pedras de formatos incomuns, considerados portais para outros planos de existência. Cada um desses espaços era utilizado para fins específicos, seja para rituais de cura, oferendas às divindades, meditações ou celebrações dos ciclos da vida.

Os bosques sagrados, chamados de *Nemeton*, eram tidos como verdadeiros templos naturais. Árvores milenares, especialmente carvalhos, freixos e teixos, eram veneradas como moradas de espíritos e deuses. Os druidas, sacerdotes e sábios celtas, realizavam cerimônias e transmitiam seus conhecimentos nesses bosques sagrados, onde a conexão entre o mundo físico e o espiritual era mais forte.

Fontes e poços sagrados eram locais de profunda reverência, pois acreditava-se que suas águas possuíam propriedades curativas e purificadoras. Essas águas eram vistas como uma manifestação das energias femininas da terra, ligadas às deusas da fertilidade e da cura. Como forma de devoção, as pessoas deixavam moedas, flores e objetos pessoais nesses locais, buscando bênçãos e proteção.

Montanhas e colinas também ocupavam um papel central na espiritualidade celta. Eram consideradas moradas dos deuses, locais de grande poder e visão espiritual. Subir ao topo de uma montanha sagrada era um ato de peregrinação, uma jornada em busca de sabedoria e conexão com o divino. Muitas colinas e montes eram associados a antigas lendas e mitos, sendo considerados portais para o *Outro Mundo*.

Cavernas e grutas possuíam um simbolismo profundo na cultura celta. Eram vistas como passagens para reinos ocultos, locais de mistério, transformação e renascimento. Muitas delas eram utilizadas para rituais de iniciação e práticas de meditação, proporcionando um espaço de introspecção e contato com os ancestrais.

As pedras sagradas também eram altamente respeitadas. Formações rochosas incomuns, monólitos e dólmens eram considerados marcos de poder ancestral, locais onde a energia da terra se concentrava. Muitas dessas pedras eram adornadas com símbolos celtas, como espirais, triskeles e nós, gravados para amplificar sua conexão com o mundo espiritual.

Embora a natureza fosse seu templo primordial, os celtas também construíam estruturas sagradas para propósitos específicos. Os círculos de pedra, como os famosos monumentos megalíticos de Stonehenge e

Avebury, são exemplos impressionantes dessa tradição. Acredita-se que esses círculos eram utilizados para cerimônias religiosas, celebrações dos ciclos solares e lunares, rituais de passagem e observações astronômicas.

Os montículos -*sidh*-, por sua vez, eram estruturas de terra construídas sobre túmulos ou locais considerados sagrados. Associados ao *Outro Mundo*, eram vistos como portais para reinos feéricos e moradas dos ancestrais. Muitos mitos celtas falam sobre seres mágicos que habitavam esses montes, conferindo-lhes um caráter enigmático e sobrenatural.

Altares eram comumente erguidos tanto em espaços naturais quanto em lares e locais de reunião. Feitos de pedra ou madeira, serviam como pontos de oferendas, onde se depositavam alimentos, flores, ervas e outros itens para honrar os deuses e espíritos. Nessas estruturas, orações eram realizadas e rituais eram conduzidos com profundo respeito e devoção.

Inspirados por essa sabedoria ancestral, é possível criar um espaço sagrado em nossos próprios lares ou jardins, onde possamos nos reconectar com nossa essência divina e com a natureza. Para isso, alguns passos podem ser seguidos:

Primeiramente, deve-se escolher um local que transmita paz e inspiração. Pode ser um canto do quarto, uma varanda ensolarada, um jardim florido ou até mesmo um recanto em meio à natureza. O próximo passo é realizar uma limpeza e purificação do ambiente, tanto física quanto energeticamente. Remover objetos desnecessários, varrer o chão e limpar superfícies ajudam a criar um espaço harmonioso. Em seguida, pode-se utilizar incenso, água com sal, sons de sinos ou visualizações de luz para eliminar energias estagnadas e fortalecer a vibração do local.

Para delimitar esse espaço sagrado, é possível usar pedras, conchas, velas, cristais ou tecidos. Essa demarcação ajuda a criar uma fronteira energética entre o espaço espiritual e o cotidiano. No centro, pode-se erguer um altar com elementos simbólicos da espiritualidade celta, como imagens de deidades, velas, cristais, ervas, oferendas e objetos naturais.

Após organizar o altar, o espaço pode ser consagrado através de uma oração ou declaração de intenção. Pode-se recitar um mantra, cantar uma canção ou simplesmente expressar em palavras a vontade de usar aquele espaço para conexão com o sagrado. O uso frequente desse ambiente fortalece sua energia, tornando-o cada vez mais propício à meditação, rituais e reflexões espirituais.

Além dos espaços fixos, os celtas também utilizavam um conceito poderoso: o círculo sagrado, uma forma de criar um espaço sagrado portátil. O círculo, símbolo de totalidade e proteção, era traçado no solo para delimitar um ambiente seguro e espiritualizado. Seu processo de criação envolvia alguns passos fundamentais.

Primeiro, escolhia-se um local tranquilo, onde se pudesse permanecer sem interrupções. Em seguida, realizava-se a purificação do espaço e da própria pessoa que participaria do ritual, utilizando incenso ou água com sal. O círculo era então delimitado fisicamente, com pedras, galhos ou cordas, ou visualizado energeticamente como uma barreira de luz. Ao caminhar ao redor do círculo no sentido horário -*deosil*-, imaginava-se essa energia se expandindo e criando uma proteção ao redor.

Após essa preparação, os elementos naturais e as divindades eram convidados a participar. Terra, ar, fogo e água eram chamados para oferecer sua energia e proteção. As divindades celtas, conforme a conexão espiritual de cada um, eram invocadas para guiar e fortalecer o ritual.

Durante a cerimônia, o círculo sagrado mantinha a energia elevada e protegia aqueles que estavam dentro dele. Ao final do ritual, agradecia-se aos elementos e deidades por sua presença e, lentamente, o círculo era desfeito. Caminhava-se ao redor dele no sentido anti-horário -*tuathail*-, visualizando sua energia se dissipando e retornando ao fluxo natural do universo.

Essa prática ancestral permanece como um poderoso instrumento de conexão espiritual, permitindo que qualquer pessoa, em qualquer lugar, possa criar um espaço sagrado e fortalecer sua ligação com a natureza e o divino.

O círculo sagrado é uma ferramenta poderosa para a prática espiritual celta, permitindo criar um espaço sagrado em qualquer lugar e a qualquer momento.

# Capítulo 5
# Preparação Ritualística

A preparação para um ritual celta é tão importante quanto o próprio ritual. É um momento de se desconectar do mundo profano, de se purificar, de se proteger e de se conectar com as energias sutis que serão invocadas. Uma preparação cuidadosa aumenta a eficácia do ritual e garante uma experiência mais profunda e significativa.

Antes de qualquer ritual celta, a purificação do corpo e da energia é essencial para garantir que a conexão com o sagrado seja plena e desimpedida. O primeiro passo nesse processo é a limpeza física, que pode ser realizada de diversas maneiras. O banho ritualístico, por exemplo, é um dos métodos mais eficazes para essa purificação. Ele deve ser tomado com intenção, permitindo que a água leve embora todas as impurezas, tanto físicas quanto espirituais. Para potencializar esse efeito, pode-se adicionar ao banho ingredientes como sal grosso, que é um poderoso purificador energético, além de ervas como alecrim, sálvia e lavanda, que trazem proteção, clareza e tranquilidade. Se preferir, algumas gotas de óleos essenciais dessas mesmas ervas podem ser adicionadas à água, intensificando a experiência sensorial e vibracional do banho. Durante esse momento, é importante visualizar as impurezas sendo lavadas e dissolvidas pela água, permitindo que apenas energia renovada permaneça.

Outra prática benéfica para a limpeza física é a escovação a seco. Usando uma escova de cerdas naturais, deve-se friccionar suavemente a pele seca em movimentos circulares, sempre direcionando os movimentos para o coração. Essa técnica não só remove células mortas, revitalizando a pele, como também estimula a circulação sanguínea e promove a liberação de energia estagnada. É um método simples, mas muito eficiente para preparar o corpo para um ritual.

Além do banho e da escovação, a escolha das vestimentas é outro aspecto relevante. O ideal é que se use roupas limpas, preferencialmente feitas de tecidos naturais como algodão, linho ou lã. Esses materiais permitem que a energia flua livremente e são mais compatíveis com práticas espirituais. Além disso, as cores das vestimentas podem ser escolhidas de acordo com a intenção do ritual: branco para purificação, verde para cura, vermelho para paixão, azul para intuição, entre outras possibilidades. Para reforçar essa preparação, é recomendável que essas roupas sejam reservadas exclusivamente para rituais, absorvendo assim a energia das práticas ao longo do tempo.

A limpeza energética também é fundamental para remover influências negativas e criar um campo vibracional propício ao ritual. A defumação é uma das técnicas mais tradicionais e poderosas para esse propósito. Usando ervas sagradas como sálvia branca, alecrim, cedro ou palo santo, deve-se acender a erva escolhida e permitir que a fumaça envolva o corpo, o altar e o espaço ritualístico. Durante esse processo, é essencial visualizar todas as energias negativas sendo dissipadas pela fumaça, deixando para trás apenas uma atmosfera limpa e sagrada.

Outra forma de purificação energética é o uso do som. Sinos, tambores, tigelas tibetanas ou mesmo o som das próprias palmas podem ser utilizados para quebrar e dispersar energias densas e estagnadas. O som ressoa em frequências que reorganizam o campo energético, preparando-o para receber as intenções do ritual.

A visualização também é uma ferramenta poderosa nesse processo. Ao imaginar uma luz branca ou dourada envolvendo o corpo, o altar e o espaço ritualístico, cria-se um escudo de proteção e purificação, fortalecendo a conexão com o sagrado. Para complementar, pode-se borrifar água com sal ao redor do espaço e sobre si mesmo, uma prática simples, mas extremamente eficaz para dissipar qualquer energia indesejada.

Com o corpo e o ambiente devidamente purificados, é necessário estabelecer uma proteção energética para evitar influências externas indesejadas. Uma das formas mais eficazes de fazer isso é por meio da visualização. Ao imaginar uma esfera de luz ao redor de si mesmo, cria-se uma barreira protetora que impede que energias negativas se aproximem. Essa esfera pode ser reforçada com a invocação de guias espirituais, deuses, deusas, ancestrais ou anjos da guarda, pedindo que eles estejam presentes e ofereçam proteção durante todo o ritual.

Além disso, símbolos de proteção podem ser utilizados para fortalecer esse escudo energético. O triskle, a triquetra, a cruz celta e o pentagrama são exemplos de símbolos que podem ser desenhados no corpo, em velas, em pedras ou em pedaços de papel para amplificar a proteção. Os cristais também desempenham um papel fundamental nesse processo. Pedras como a turmalina negra, a obsidiana, a cianita negra e o olho de tigre são conhecidas por suas propriedades protetoras e podem ser carregadas consigo, colocadas no altar ou distribuídas pelo espaço ritualístico.

Para aqueles que praticam rituais dentro de um círculo mágico, a própria criação do círculo já serve como uma poderosa barreira contra influências externas. Ele delimita um espaço sagrado, afastando qualquer energia indesejada e garantindo um ambiente seguro para a prática espiritual.

A escolha das vestimentas também faz parte da preparação ritualística e deve ser feita com atenção. Além dos tecidos naturais e das cores que representam diferentes intenções, a simplicidade das roupas é um fator importante. Vestimentas rituais devem ser confortáveis e permitir movimentos livres, evitando distrações e desconfortos durante o ritual. Adornos como colares, pulseiras, anéis ou tiaras podem ser utilizados, desde que tenham um significado especial e estejam alinhados com a intenção do ritual. Esses objetos podem ser consagrados previamente para que carreguem uma energia específica, tornando-se assim extensões da própria energia do praticante.

As ferramentas ritualísticas, por sua vez, são auxiliares essenciais na canalização de energias e na execução do ritual. O athame, uma adaga ritualística de dois gumes, é amplamente utilizado para direcionar a energia, traçar o círculo mágico e cortar laços energéticos, mas nunca para cortar objetos físicos. A varinha, tradicionalmente feita de madeira de salgueiro, aveleira ou carvalho, é outro instrumento fundamental, sendo usada para invocar os elementos e estabelecer conexões com a natureza.

O cálice, representando o elemento água e o princípio feminino, pode conter diferentes líquidos sagrados, como água, vinho ou sucos naturais, dependendo do propósito do ritual. O pentáculo, uma placa geralmente de madeira, metal ou argila, traz o símbolo do pentagrama e representa o elemento terra, a conexão com o mundo material e a união dos quatro elementos. O caldeirão, símbolo da Deusa Mãe, é utilizado em diversas práticas, desde a queima de ervas até a preparação de poções ou alimentos rituais.

Outros elementos como incensos, velas e cristais contribuem para elevar a vibração do espaço, enquanto instrumentos musicais como tambores e chocalhos podem ser usados para induzir estados alterados de consciência e facilitar a conexão com o espiritual. No entanto, é importante lembrar que nenhuma dessas ferramentas tem poder por si só; sua força está na intenção e na energia que o praticante deposita nelas.

Por fim, antes de iniciar o ritual, é essencial estabelecer uma conexão clara com a intenção do trabalho a ser realizado. Refletir sobre o propósito do ritual, definir quais energias serão invocadas e estabelecer um foco preciso torna a prática muito mais eficaz. Uma boa estratégia é escrever a intenção em um pedaço de papel, meditar sobre ela ou verbalizá-la em voz alta. Essa clareza mental e emocional potencializa os resultados, garantindo que a energia seja direcionada corretamente.

Seguir todos esses passos não é apenas uma formalidade, mas um ato de respeito aos deuses, aos ancestrais e a si mesmo. A preparação ritualística cria uma sintonia profunda com o sagrado, permitindo que a experiência seja verdadeiramente transformadora.

A preparação ritualística é um processo de sintonização, de alinhamento com as energias sutis e de criação de um espaço sagrado interior e exterior. Ao se preparar cuidadosamente para um ritual, você demonstra respeito pelos deuses, pelos ancestrais e por si mesmo, e abre caminho para uma experiência mágica e transformadora.

# Capítulo 6
# Símbolos Celtas

Os símbolos celtas são mais do que meras decorações; são chaves para um sistema complexo de crenças, filosofia e magia. Cada símbolo carrega uma riqueza de significados, muitas vezes interligados, que refletem a profunda conexão dos celtas com a natureza, os ciclos da vida e o mundo espiritual. Ao compreender esses símbolos, abrimos portas para a sabedoria ancestral e para a prática da espiritualidade celta.

A linguagem dos símbolos celtas transcende a mera estética; eles são portais de poder, conhecimento e espiritualidade. Diferente das civilizações que registravam sua história em textos, os celtas confiavam na tradição oral e na força visual de seus símbolos para preservar e transmitir sua sabedoria. Esses signos eram gravados em pedras, madeira, metais e até mesmo tatuados na pele, carregando consigo significados profundos que iam além do visível.

Mais do que meras representações gráficas, os símbolos celtas eram ferramentas mágicas, utilizadas em rituais, feitiços, adivinhação e proteção. Muitos acreditavam que essas formas geométricas e entrelaçamentos tinham a capacidade de canalizar energias cósmicas e abrir portas para o Outro Mundo, conectando os praticantes às forças divinas da natureza e ao fluxo universal da existência.

Entre os símbolos mais conhecidos está o Triskle -ou Triskelion-, um desenho composto por três espirais interligadas, representando o movimento cíclico e infinito da vida. Cada curva simboliza uma tríade essencial dentro da cosmovisão celta: nascimento, morte e renascimento; terra, mar e céu; corpo, mente e espírito. Além disso, o triskle está associado à Deusa Tríplice — Donzela, Mãe e Anciã — que rege os ciclos da vida e da sabedoria feminina. Esse símbolo era frequentemente usado para atrair energia dinâmica, estimular a transformação pessoal e representar a evolução espiritual.

Outro signo de grande força é a Triquetra, um nó de três arcos entrelaçados, sem início nem fim. Esse símbolo também carrega o conceito de trindade, sendo vinculado tanto à Deusa Tríplice quanto aos elementos naturais — terra, ar e água, unidos pelo fogo. Além de representar a eternidade e a interconexão de todas as coisas, a triquetra era considerada um poderoso amuleto de proteção, promovendo equilíbrio e unidade espiritual.

A Cruz Celta, por sua vez, une o simbolismo pagão e cristão. Com um círculo envolvendo a cruz, ela representa a fusão do divino e do terreno, o eixo que liga céu e terra. Suas quatro extremidades apontam para as direções cardeais e os elementos naturais — fogo, terra, ar e água — enquanto o círculo reforça a ideia do ciclo contínuo da vida e do tempo. Após a cristianização das terras celtas, essa cruz tornou-se um emblema da fé cristã, mas sem perder suas raízes ancestrais.

Os Nós Celtas são padrões de entrelaçamentos infinitos, simbolizando a eternidade e a interconexão de todas as coisas. Sem começo nem fim, esses nós representam a continuidade da vida, a ligação entre os seres e a força espiritual. Eles eram usados como amuletos de proteção, símbolos de amor eterno e até mesmo como marcas de compromisso em alianças matrimoniais.

A Árvore da Vida -Crann Bethadh- ocupa um lugar central na mitologia celta. Suas raízes profundas no submundo, seu tronco na terra e seus galhos estendendo-se ao céu fazem dela uma ponte entre os três mundos. Para os celtas, a árvore era um símbolo de força, crescimento, sabedoria e ancestralidade. Em rituais, ela era reverenciada como fonte de poder e conexão espiritual.

Outro símbolo marcante é a Espiral, que aparece frequentemente na arte celta. Ela representa o crescimento, a expansão da consciência e os ciclos da vida. Seu movimento contínuo simboliza a jornada interior em busca do autoconhecimento e da iluminação espiritual. Muitas vezes, está associada à energia cósmica e ao fluxo vital do universo.

Por fim, o Awen, composto por três raios de luz emanando de um ponto central, representa a inspiração divina. Sua origem está na tradição druídica, onde simbolizava a conexão com a sabedoria universal e o equilíbrio entre forças opostas — luz e escuridão, masculino e feminino, mente racional e intuição. Para aqueles que seguem o caminho espiritual celta, o Awen é um chamado à busca do conhecimento e da harmonia.

Esses símbolos podem ser integrados à prática espiritual de diversas maneiras. A meditação com um símbolo celta, por exemplo, ajuda a absorver sua energia e compreender seus ensinamentos. Já a colocação de amuletos ou talismãs com esses signos no altar ou em joias pessoais reforça a conexão com suas forças protetoras. Artes e artesanatos inspirados nessas formas sagradas também servem como maneira de honrar essa tradição.

Nos rituais, desenhar um símbolo no chão, em velas ou no próprio corpo pode potencializar sua intenção mágica. Aqueles que sentem um chamado mais profundo podem até optar por tatuar um símbolo celta, levando sempre em consideração seu significado antes de marcar a pele com um emblema de poder ancestral.

Independentemente da forma como são utilizados, os símbolos celtas continuam a ser portais para a sabedoria antiga, conectando os praticantes com a energia do universo e com a espiritualidade de seus antepassados. Ao trabalhá-los com respeito e consciência, é possível acessar sua força e transformar a própria jornada espiritual.

Ao trabalhar com símbolos celtas, lembre-se de que eles são mais do que simples desenhos. São portais para a sabedoria ancestral, chaves para a magia e a conexão com o divino. Use-os com respeito, intenção e consciência.

# Capítulo 7
# Ogham
# O Oráculo

O Ogham -pronuncia-se "o-am" ou "o-gam"- é um antigo sistema de escrita celta, frequentemente chamado de "alfabeto das árvores". Mais do que um simples alfabeto, o Ogham é um oráculo, um sistema divinatório e uma ferramenta mágica, profundamente conectado à natureza e à sabedoria dos druidas.

A origem do Ogham remonta a tempos antigos e envolve um misto de história e mistério. Embora sua criação exata permaneça incerta, muitos estudiosos acreditam que ele tenha surgido na Irlanda por volta do século IV d.C. As inscrições mais antigas foram encontradas em pedras e monumentos, espalhadas principalmente pela Irlanda e pelo País de Gales, sugerindo que seu uso era tanto prático quanto cerimonial. Essas inscrições geralmente registravam nomes de pessoas, clãs e locais, sendo empregadas para marcar fronteiras ou prestar homenagens a indivíduos falecidos. No entanto, a verdadeira importância do Ogham transcende sua função escrita, pois ele era considerado um conhecimento sagrado, transmitido oralmente pelos druidas, os sábios e sacerdotes celtas. Para eles, o Ogham não era apenas um alfabeto, mas também um sistema de adivinhação, uma ferramenta mágica e um canal de comunicação com o mundo espiritual.

A estrutura do Ogham é única e distinta. Ele é composto por 20 letras principais, conhecidas como *feda* -no singular, *fid*-, sendo cada uma delas associada a uma árvore ou planta sagrada. A forma de escrita do Ogham se baseia em traços retos ou diagonais esculpidos ao longo de uma linha central chamada *druim*, que pode ser a borda de uma pedra ou a superfície de um pedaço de madeira. As *feda* estão organizadas em quatro grupos de cinco letras, denominados *aicme* -singular, *aicme*-, e cada um desses grupos recebe o nome da primeira letra correspondente. O primeiro grupo, *Aicme Beithe*, inclui as letras B, L, F, S e N, associadas à bétula, freixo, amieiro, salgueiro e espinheiro, respectivamente. Já o *Aicme hÚatha* compreende as letras H, D, T, C e Q, vinculadas ao pilriteiro, carvalho, abeto, choupo e teixo. O *Aicme Muine* é composto pelas letras M, G, NG, Z e R, representando a videira, hera, junco, espinheiro-negro e bétula-anã ou amieiro. Por fim, o *Aicme Ailme* abrange as letras A, O, U, E e I, conectadas ao abeto-prateado, tojo, urze, choupo-branco ou álamo-trémulo e medronheiro ou teixo. Além dessas 20 letras fundamentais, há ainda cinco letras adicionais chamadas *forfeda*, que foram introduzidas posteriormente para ampliar o sistema.

O Ogham também era amplamente utilizado como um oráculo, um método divinatório empregado pelos druidas para acessar a sabedoria das árvores e dos espíritos da natureza. Assim como as runas nórdicas ou o *I Ching* chinês, a prática da adivinhação com o Ogham contava com diferentes métodos. Um dos mais tradicionais era o lançamento de varetas: pequenas varetas de madeira, cada uma com uma *fid* gravada, eram lançadas sobre uma superfície plana, e a forma como caíam era interpretada de acordo com as letras visíveis. Outro método comum envolvia a escolha de varetas dentro de um saco ou recipiente. O consulente formulava uma pergunta, retirava uma ou mais varetas e interpretava as *feda* sorteadas. Também existia a prática do desenho de cartas, onde cartas contendo os símbolos do Ogham eram usadas de forma semelhante às do Tarô, sendo embaralhadas e retiradas para obter respostas. Além disso, a meditação com uma *fid* específica era outro método poderoso para receber insights e orientação intuitiva, permitindo ao praticante conectar-se profundamente com a energia da árvore correspondente.

Além da função divinatória, o Ogham era uma ferramenta mágica utilizada para influenciar o mundo ao redor. Suas letras eram consideradas símbolos de poder, capazes de canalizar energias e manifestar intenções. Uma prática comum era a confecção de talismãs e amuletos, nos quais as *feda* eram gravadas para propósitos específicos, como proteção, cura e prosperidade. Os druidas também empregavam as *feda* em encantamentos e feitiços, combinando os símbolos com palavras de poder e rituais para concretizar desejos e intenções. Outra aplicação mágica do Ogham envolvia a conexão com a energia das árvores, permitindo que os praticantes invocassem seus espíritos e trabalhassem com as forças da natureza. Nos rituais sazonais, as letras do Ogham estavam alinhadas com diferentes períodos da Roda do Ano celta, sendo utilizadas para marcar momentos de transição e celebração.

Cada árvore associada ao Ogham possui um significado simbólico e propriedades espirituais específicas. A bétula -*Beithe*- representa novos começos, purificação e renovação, sendo uma árvore de proteção e crescimento. O freixo -*Luis*- está ligado à força, à cura e à conexão com o Outro Mundo. O amieiro -*Fearn*- simboliza coragem, proteção e orientação, enquanto o salgueiro -*Saille*- está associado à intuição, às emoções e à flexibilidade. O espinheiro -*Nuin*- representa desafios, purificação e superação de obstáculos. Já o pilriteiro -*Huath*- é um símbolo de amor, casamento e fertilidade, sendo frequentemente relacionado a cerimônias sagradas. O carvalho -*Duir*- é uma árvore de força, sabedoria e estabilidade, considerado um portal para o mundo espiritual. O abeto -*Tinne*- representa equilíbrio e resistência, enquanto o choupo -*Coll*- está ligado ao conhecimento, à comunicação e à inspiração. O teixo -*Quert*- simboliza morte e renascimento, transformação e proteção contra energias negativas. Outras árvores importantes incluem a videira -*Muin*-, relacionada à celebração e fertilidade; a hera -*Gort*-, que representa crescimento e superação; o junco -*nGéadal*-, associado à cura e adaptabilidade; e o espinheiro-negro -*Straif*-, que simboliza proteção e resistência. Cada uma dessas árvores possui uma energia única e pode ser trabalhada de maneira espiritual para alinhar-se com as forças naturais.

O Ogham pode ser incorporado à prática espiritual de várias formas. O estudo e a pesquisa sobre sua história, estrutura e simbolismo são fundamentais para compreender sua profundidade. Criar um conjunto próprio de Ogham, seja em varetas de madeira ou cartas ilustradas, pode ser uma maneira significativa de se conectar com essa tradição. A prática da adivinhação com o Ogham é outra forma poderosa de obter orientação espiritual, seja por meio do sorteio de varetas, do lançamento sobre uma superfície ou da leitura de cartas. Meditar com uma *fid* específica permite aprofundar a conexão com sua energia, visualizando a árvore correspondente e absorvendo sua sabedoria. Talismãs e amuletos podem ser confeccionados com as *feda*, carregando intenções específicas e servindo como símbolos de proteção e equilíbrio. Durante rituais, as letras do Ogham podem ser desenhadas no chão, esculpidas em velas ou traçadas no corpo como forma de consagração e fortalecimento energético. Além disso, passar tempo na natureza, observando e interagindo com as árvores associadas ao Ogham, é uma maneira prática e espiritual de honrar essa tradição ancestral.

O Ogham é, portanto, mais do que um simples sistema de escrita: ele é um portal para a sabedoria dos antigos celtas, uma ferramenta de conexão com a natureza e com o divino. Ao explorar seus mistérios, é possível enriquecer a prática espiritual e desenvolver uma compreensão mais profunda do mundo natural e de sua interação com o universo espiritual.

O Ogham é um portal para a sabedoria ancestral dos celtas, uma ferramenta de conexão com a natureza e com o divino. Ao explorar seus mistérios, você pode enriquecer sua prática espiritual e aprofundar sua compreensão do mundo ao seu redor.

# Capítulo 8
# Magia Natural

A magia natural é um dos pilares da espiritualidade celta, uma prática que se baseia na crença de que a natureza é uma fonte de poder, cura e sabedoria. Os celtas viviam em estreita relação com o mundo natural, e sua magia era uma extensão dessa relação. Eles acreditavam que cada elemento da natureza – plantas, pedras, água, ar, fogo – possuía uma energia vital, uma força espiritual que podia ser acessada e utilizada para diversos fins.

A magia natural celta não busca dominar ou subjugar a natureza, mas sim estabelecer um vínculo de respeito e harmonia com ela. Para os celtas, tudo fazia parte de um grande tecido interligado, onde cada ação reverberava no equilíbrio do todo. Assim, ao praticar a magia natural, não se tratava apenas de um ato isolado, mas de uma troca energética com o universo, um ciclo de respeito e reciprocidade.

A base dessa magia fundamenta-se em princípios essenciais. O primeiro deles é a compreensão de que tudo é energia. Os celtas acreditavam que cada elemento, cada ser vivo, e até mesmo os pensamentos e emoções possuíam uma vibração própria, capaz de ser influenciada e direcionada pela intenção e pela vontade.

Da mesma forma, a natureza era considerada sagrada, uma manifestação viva do divino. Cada árvore, pedra, rio e montanha carregava uma centelha da energia primordial e, por isso, devia ser reverenciado.

Outro conceito fundamental era a interconexão. Assim como os galhos de uma árvore crescem a partir de um tronco comum, todos os seres estavam ligados, e qualquer alteração nesse equilíbrio se refletia no todo. A partir dessa visão, surgia a crença na Lei da Atração, que afirmava que energias semelhantes se atraíam. Pensamentos positivos e intenções bem direcionadas atrairiam situações favoráveis, enquanto emoções negativas tenderiam a trazer obstáculos. Além disso, a Lei Tríplice reforçava a ideia de que tudo o que fosse enviado ao mundo retornaria multiplicado por três, seja uma bênção ou uma maldição. Essa crença incentivava um uso consciente da magia, com responsabilidade sobre as consequências dos próprios atos.

Por fim, um dos pilares mais importantes da magia celta era o respeito e a reciprocidade. Nada deveria ser retirado da natureza sem que algo fosse oferecido em troca. Um ramo colhido, uma pedra utilizada em um feitiço ou até mesmo a água de um rio, tudo precisava ser honrado com uma oferenda, um gesto de gratidão, para que o equilíbrio fosse mantido.

Dentro dessa visão de respeito e conexão com a natureza, o trabalho com os elementos desempenhava um papel central. Os quatro elementos — terra, ar, fogo e água — não eram apenas manifestações físicas, mas forças vivas, dotadas de propriedades únicas, que podiam ser invocadas e direcionadas para diferentes propósitos.

A terra representava estabilidade, nutrição e crescimento. Era o elemento da prosperidade, da materialização dos desejos e da conexão com as raízes ancestrais. Suas correspondências incluíam o norte, o inverno, a noite e o corpo físico, além do reino mineral, com suas pedras e cristais. Para trabalhar com esse elemento, os celtas cultivavam jardins sagrados, enterravam objetos para firmar intenções e meditavam em meio à natureza, absorvendo sua energia.

O ar, por sua vez, simbolizava a comunicação, o intelecto e a inspiração. Associado ao leste, à primavera e ao amanhecer, esse elemento estava ligado ao pensamento claro, às ideias inovadoras e à intuição. Trabalhar com o ar envolvia práticas como escrever feitiços, cantar canções rituais, usar penas em rituais e queimar incensos cujas fumaças levavam os desejos ao universo.

O fogo era a centelha da transformação, da coragem e da ação. Ligado ao sul, ao verão e ao meio-dia, esse elemento estava relacionado à paixão e à criatividade. Para ativar sua energia, os celtas acendiam fogueiras em celebrações sagradas, usavam velas em rituais e trabalhavam com a força do sol, absorvendo sua vitalidade.

Já a água era o elemento das emoções, da intuição e da purificação. Representando o oeste, o outono e o entardecer, ela carregava o fluxo da vida, promovendo cura e renovação. Para conectar-se a esse elemento, os celtas realizavam banhos rituais, preparavam poções, praticavam a vidência observando a superfície da água e ofereciam presentes aos rios e lagos.

Além dos elementos, as plantas desempenhavam um papel fundamental na magia celta. Os druidas eram profundos conhecedores de suas propriedades medicinais e espirituais, utilizando-as tanto para cura quanto para feitiços e rituais. A herbologia permitia compreender quais plantas podiam ser usadas para restabelecer a saúde, equilibrar energias e criar amuletos de proteção.

As poções, preparadas a partir de ervas, raízes, flores e outros ingredientes naturais, eram utilizadas para diversos fins, como atrair prosperidade, fortalecer o amor ou proporcionar clareza mental. Da mesma forma, o incenso era uma poderosa ferramenta para purificação e elevação energética, sendo queimado em rituais para criar uma conexão com os deuses. Já os unguentos, feitos a partir da infusão de ervas em óleos vegetais, eram aplicados no corpo para intensificar estados meditativos e auxiliar na jornada espiritual.

Os cristais, embora menos usados do que as plantas, também eram considerados aliados poderosos. Cada pedra possuía uma vibração única, capaz de influenciar campos energéticos e auxiliar na realização de desejos. O quartzo transparente era amplamente valorizado por sua capacidade de amplificar intenções, enquanto a ametista era usada para proteção e desenvolvimento espiritual. O citrino atraía prosperidade, o quartzo rosa favorecia o amor e a turmalina negra funcionava como um escudo contra energias negativas.

A água, além de elemento essencial, possuía uma magia própria. Fontes, rios e lagos eram considerados locais sagrados, pontos de encontro entre o mundo físico e o espiritual. Banhos rituais eram realizados para purificação e renovação, enquanto a vidência era praticada observando a superfície da água, buscando imagens e mensagens ocultas. Como forma de honrar os espíritos das águas, oferendas eram deixadas, muitas vezes na forma de moedas, flores ou pequenos objetos simbólicos.

O fogo, por sua vez, possuía uma conexão especial com os celtas. Fogueiras eram acesas durante festivais como Beltane e Samhain, servindo como portais para o Outro Mundo e símbolos de renovação. Velas também desempenhavam um papel essencial, sendo usadas para iluminar caminhos e manifestar intenções. O sol, visto como uma fonte de poder vital, era celebrado em solstícios e equinócios, reforçando sua importância na magia celta.

O ar, sendo o elemento do intelecto e da comunicação, tinha seu poder acessado através do uso de incensos, penas e práticas de respiração consciente. A fumaça do incenso carregava orações e pedidos, enquanto as penas eram usadas como símbolos de leveza e liberdade. A respiração consciente, técnica similar ao pranayama, era utilizada para equilibrar as emoções e fortalecer a energia vital.

Para quem deseja iniciar-se na magia natural celta, alguns passos podem ser seguidos. O primeiro é estudar e pesquisar, compreendendo a cultura, a mitologia e as práticas desse povo ancestral. Em seguida, é essencial desenvolver uma conexão com a natureza, observando seus ciclos e aprendendo a perceber suas mensagens sutis. A intuição deve ser trabalhada constantemente, pois é uma ferramenta essencial para direcionar a prática mágica. Começar com ações simples, como acender velas, meditar na natureza e fazer oferendas, é uma boa forma de se familiarizar com a energia dos elementos.

O respeito pela natureza deve ser constante, nunca retirando nada sem permissão e sempre retribuindo de alguma forma. A criatividade é outro ponto importante, pois a magia natural não segue regras rígidas, permitindo adaptações e personalizações. Acima de tudo, confiar no processo e no próprio crescimento espiritual é essencial. A magia celta é um caminho de aprendizado contínuo, onde cada experiência fortalece o vínculo com o mundo natural e com o divino.

Praticar a magia natural celta significa caminhar em harmonia com os ritmos da Terra, honrando sua sabedoria e absorvendo sua energia. Esse caminho permite acessar a essência sagrada do universo e, por meio dele, trazer mais equilíbrio, cura e encantamento para a própria vida.

A magia natural celta é um caminho de reconexão com a natureza, com nossa essência divina e com a sabedoria ancestral. Ao praticá-la, podemos trazer mais equilíbrio, cura, beleza e magia para nossas vidas.

# Parte II: Rituais da Roda do Ano

## Capítulo 9
## Samhain
## Honrando os Ancestrais

Samhain -pronuncia-se "sou-in" ou "sá-uain"- é o festival celta que marca o fim do verão e o início do inverno, o fim da colheita e o começo do ano novo celta. Celebrado em 31 de outubro, Samhain é um tempo de transição, quando o véu entre o mundo dos vivos e o mundo dos mortos se torna mais fino. É um momento de honrar os ancestrais, celebrar a colheita, refletir sobre o passado e se preparar para o futuro.

Samhain, cujo significado vem do gaélico como "fim do verão", era para os celtas um momento de extrema importância. Com a chegada do inverno, as colheitas eram armazenadas, o gado era recolhido e os preparativos para a estação fria se intensificavam. Mas este festival ia além das questões agrícolas: ele representava um período de profunda espiritualidade, onde o véu entre os mundos se tornava mais tênue, permitindo que os espíritos dos ancestrais visitassem o mundo dos vivos. Esse contato com o Outro Mundo despertava sentimentos ambíguos nos celtas: respeito e veneração pelos antepassados, mas também receio do desconhecido, pois os espíritos poderiam trazer mensagens, mas também travessuras.

Era um tempo de celebração e luto, de alegria e introspecção. Os rituais realizados tinham o propósito de honrar aqueles que vieram antes e preparar-se para o ciclo de morte e renascimento que a chegada do inverno simbolizava. E mesmo nos dias atuais, muitas dessas práticas podem ser incorporadas para manter viva a conexão com nossos ancestrais e com os ciclos naturais da vida.

Para aqueles que desejam celebrar Samhain de maneira autêntica, existem diversos rituais que podem ser realizados, adaptados às circunstâncias individuais. Entre eles, um dos mais significativos é a criação de um altar dedicado aos ancestrais. Escolher um local especial da casa e cobri-lo com um tecido escuro, como preto, roxo ou marrom, já ajuda a criar um ambiente propício para a conexão espiritual. Neste espaço, dispor fotos dos antepassados, ou, caso não haja imagens disponíveis, objetos que possam representá-los, como joias, cartas, ferramentas ou itens pessoais, reforça esse vínculo. Velas são acesas em honra aos falecidos, sendo as brancas ou pretas as mais tradicionais, embora outras cores possam ser utilizadas conforme a intuição de cada um. Oferendas de alimentos e bebidas, como pão, frutas, bolos, leite, vinho ou cerveja, são colocadas sobre o altar, assim como incensos de sálvia, alecrim, mirra ou olíbano, que ajudam a purificar o espaço e torná-lo receptivo às energias dos ancestrais. Passar um tempo diante do altar, em silêncio ou meditação, lembrando histórias, agradecendo a presença dos que vieram antes e pedindo sua orientação, torna-se um momento de profunda conexão.

Outra forma de honrar os ancestrais durante Samhain é preparar uma refeição especial em sua homenagem. O ideal é cozinhar pratos que faziam parte da tradição familiar ou que eram apreciados por aqueles que já partiram. Durante o jantar, um lugar extra é posto à mesa, simbolizando a presença dos espíritos, e nele são servidos os mesmos alimentos e bebidas consumidos pelos vivos. Enquanto se compartilham histórias e memórias, celebra-se a vida dos que partiram, honrando seu legado. A comida e a bebida deixadas no lugar dos ancestrais permanecem ali por um tempo após a refeição, como uma oferenda, e só então são descartadas de maneira respeitosa, devolvendo-as à natureza ou depositando-as em um local apropriado.

Se houver a possibilidade, acender uma fogueira ao ar livre é outro ritual poderoso. O fogo simboliza a purificação, a transformação e a ligação com o Outro Mundo. Ao redor das chamas, é possível meditar, cantar, dançar ou simplesmente observar o fogo consumindo ervas sagradas, como sálvia, alecrim ou louro, que podem ser lançadas à fogueira como oferendas. Também pode-se escrever mensagens aos ancestrais em pequenos pedaços de papel e queimá-los, permitindo que as palavras sejam levadas pela fumaça até o mundo espiritual. Além disso, a fogueira é uma excelente oportunidade para visualizar o fogo consumindo energias negativas, medos e preocupações, abrindo espaço para novos começos.

Como Samhain é um momento propício para adivinhação, devido ao enfraquecimento da barreira entre os mundos, este é um período ideal para consultar oráculos e buscar orientação. O Tarô, as runas, o Ogham, a leitura da borra de café ou a vidência em superfícies refletoras, como a água ou um espelho, são alguns dos métodos que podem ser utilizados. Formular perguntas sobre o futuro, pedir conselhos aos ancestrais ou buscar respostas para dilemas pessoais são práticas tradicionais nesta noite de conexão espiritual.

Outro ritual importante de Samhain é o de liberação. Como a celebração marca o encerramento de um ciclo e o início de outro, é um momento ideal para se desapegar de tudo o que não serve mais. Escrever em um papel os medos, ressentimentos, crenças limitantes ou hábitos que se deseja abandonar é um primeiro passo. Em seguida, queimar esse papel na fogueira ou em um caldeirão, visualizando as palavras sendo transformadas em cinzas e levadas pelo vento, representa o ato simbólico de libertação. Ao se desfazer do que pesa, cria-se espaço para novas oportunidades e renova-se a energia para o próximo ciclo.

Para aqueles que se sentem à vontade, visitar um cemitério ou um local de memória também pode ser uma maneira respeitosa de homenagear os ancestrais. Levar flores, acender velas ou simplesmente passar um tempo em silêncio junto ao túmulo de entes queridos são gestos de carinho e respeito. Se necessário, limpar o local e dedicar alguns instantes para agradecer e conversar com os que partiram fortalece o elo entre os mundos.

Por fim, a conexão com a natureza é essencial em Samhain. Sendo um festival de transição entre as estações, passar um tempo ao ar livre, observando as mudanças sutis na paisagem, ajuda a sintonizar-se com o ritmo natural da Terra. Caminhar por um bosque, sentir o vento frio no rosto, observar as folhas caindo e perceber como tudo segue o fluxo da vida e da morte são formas de integrar-se ao ciclo natural. Agradecer à natureza por seus dons e pedir sua orientação para o novo ciclo que se inicia reforça essa conexão.

Embora Samhain tenha raízes profundas na cultura celta, seus rituais podem ser adaptados para a vida moderna e para as crenças pessoais de cada um. Não é necessário seguir à risca as tradições antigas; o mais importante é a intenção por trás de cada gesto. Se não houver espaço para uma fogueira, velas podem substituí-la. Caso não seja possível criar um altar grande, um pequeno espaço em uma mesa ou prateleira já é suficiente. O que realmente importa é o respeito pelos ancestrais e a busca por um significado autêntico.

Muitas das tradições associadas ao Halloween têm origem em Samhain, mas, com o passar dos séculos, foram secularizadas e comercializadas. As fantasias, as abóboras esculpidas e o "doces ou travessuras" são resquícios dessa antiga celebração, embora tenham perdido parte de seu significado original. Para aqueles que desejam celebrar Samhain de forma genuína, o foco deve ser a reverência aos ancestrais, a conexão com a natureza e a reflexão sobre os ciclos da vida.

Ao adotar esses rituais, mesmo que de maneira adaptada, Samhain pode se tornar um momento poderoso de introspecção, transformação e renovação. Celebrar os que vieram antes, agradecer pelo passado e abrir-se para o futuro com coragem e sabedoria são formas de honrar essa tradição milenar e manter vivo seu legado.

    Samhain é um momento poderoso de conexão, reflexão e transformação. Ao honrar seus ancestrais e se conectar com a energia desta noite sagrada, você pode se preparar para o novo ciclo que se inicia, liberar o passado e abraçar o futuro com sabedoria e coragem.

# Capítulo 10
## Yule
## O Solstício de Inverno

Yule, também conhecido como Solstício de Inverno, é a celebração do dia mais curto e da noite mais longa do ano, marcando o ponto de virada quando a luz do sol começa a retornar gradualmente. No hemisfério norte, ocorre por volta de 21 de dezembro; no hemisfério sul, por volta de 21 de junho. Para os celtas e outras culturas pagãs, Yule era um momento de grande importância, simbolizando o renascimento do sol, a esperança, a renovação e a promessa de luz e calor após a escuridão do inverno.

A origem do nome "Yule" remonta às tradições germânicas e nórdicas, e embora seu significado exato permaneça incerto, estudiosos associam-no à palavra "jól", do nórdico antigo, que significa "roda". Essa conexão faz referência à roda do ano e ao ciclo eterno das estações, no qual a escuridão do inverno dá lugar à luz do sol renascente. Outra interpretação sugere que "Yule" deriva de "iul", que significa "festa" ou "celebração", o que reforça a importância desse período como um momento de alegria e partilha.

Independentemente de sua etimologia, Yule sempre foi um tempo de festividade, um intervalo de luz no meio da noite mais longa do ano. Para os celtas e outros povos pagãos, essa celebração simbolizava o renascimento do Deus Sol a partir do ventre da Deusa Mãe Terra. Essa visão mitológica conferia um significado profundo à data: era o momento em que a promessa de renovação se concretizava, trazendo esperança, fertilidade e calor para os meses que viriam.

Durante Yule, as comunidades se reuniam para fortalecer laços, dividir alimentos e acender fogueiras e velas, garantindo que a chama da vida seguisse ardendo até o retorno da primavera. As casas eram enfeitadas com ramos de plantas perenes, como pinheiro, azevinho, hera e visco, símbolos da vitalidade que perdurava mesmo nas condições mais adversas. Essa época era, acima de tudo, um lembrete de que, mesmo nas profundezas do inverno, a promessa da luz nunca se extinguia.

Os rituais de Yule tinham o propósito de saudar o renascimento do sol, celebrar a continuidade da vida e preparar-se para o novo ciclo que se iniciava. Muitas dessas tradições podem ser incorporadas aos dias de hoje, criando uma conexão espiritual com os antigos costumes.

Para começar, a decoração da casa com plantas verdes é uma forma simples, mas poderosa, de trazer a energia do renascimento para o ambiente. Os celtas acreditavam que essas plantas continham um espírito vital capaz de proteger a casa e seus moradores durante os meses frios. Ramos de pinheiro, azevinho e hera podiam ser trançados em guirlandas para adornar portas e janelas ou dispostos sobre o altar doméstico, servindo como oferenda à Deusa Mãe.

A luz também desempenhava um papel essencial nas celebrações de Yule, simbolizando o retorno do sol e o fortalecimento da esperança. Acender velas espalhadas pela casa criava uma atmosfera de acolhimento e espiritualidade. As cores das velas também possuíam significados específicos: vermelhas representavam a energia e o renascimento; verdes remetiam à natureza e ao crescimento; douradas evocavam a luz solar e a abundância; e brancas simbolizavam a pureza e a renovação. Para aqueles que tinham lareira, mantê-la acesa durante a noite do solstício era uma maneira de reforçar esse simbolismo e convidar a luz a permanecer.

A fogueira de Yule, conhecida como *Yule Log*, era um dos rituais mais tradicionais. Um grande tronco de madeira era escolhido e decorado com fitas, ervas e símbolos sagrados. Ao ser incendiado, deveria queimar por 12 dias, representando os meses do ano vindouro. Caso não fosse possível fazer uma fogueira ao ar livre, uma alternativa era usar uma vela grande para simbolizar o tronco de Yule, acendendo-a com a mesma intenção de renovar a luz.

Outro costume fundamental era a preparação de um banquete de Yule. Em um tempo em que a fartura não era garantida, essa celebração servia como um momento de agradecimento pela colheita e pelo alimento disponível. Assados, tortas, frutas secas, nozes, bolos e pães eram servidos à família e aos amigos, reforçando a importância da partilha. Os participantes brindavam ao sol, à terra e aos ancestrais, expressando sua gratidão pela continuidade da vida.

Yule também marcava um período de renovação espiritual, e um dos rituais mais significativos era o de renascimento. Para realizá-lo, escrevia-se em um pedaço de papel tudo aquilo que precisava ser deixado para trás: hábitos, crenças limitantes ou situações indesejadas. Esse papel era queimado na fogueira ou em uma vela, representando a libertação e o desapego. Em seguida, um novo papel era escrito com desejos e intenções para o próximo ciclo. Esse papel podia ser guardado em um local especial ou enterrado na terra, simbolizando a semente que germinaria no futuro.

A meditação sobre o solstício era uma prática comum para aqueles que desejavam se conectar mais profundamente com a energia de Yule. Em um ambiente tranquilo, fechavam os olhos e visualizavam a luz solar preenchendo seus corpos e renovando suas forças. Essa prática permitia não apenas um momento de introspecção, mas também a oportunidade de se alinhar com os ciclos naturais.

Expressar gratidão era outro pilar da celebração. Criar uma lista com tudo o que havia sido conquistado durante o ano ajudava a reconhecer as bênçãos recebidas. Essa lista podia ser lida em voz alta, escrita em um diário ou colocada em um altar de gratidão, reforçando a importância do reconhecimento e da abundância.

Criar um símbolo solar era uma maneira artística e espiritual de marcar a ocasião. Desenhar, pintar ou bordar um sol, ou qualquer outro símbolo que representasse a luz, tornava-se um ato de devoção. Esse amuleto podia ser utilizado como parte da decoração ou carregado consigo ao longo do ano, como um lembrete do renascimento constante.

A troca de presentes, embora hoje associada ao Natal, também possuía raízes nos festivais de inverno. Presentear simbolizava a partilha e o desejo de bem ao próximo, reforçando a ideia de que, mesmo nos períodos mais escuros, a generosidade e a união deveriam prevalecer.

A música era uma parte essencial das festividades, com canções que celebravam a luz e a renovação. Entoar melodias alegres ou ouvir músicas inspiradoras ajudava a criar uma atmosfera vibrante e conectava as pessoas à ancestralidade do ritual.

Embora muitas tradições de Yule tenham sido incorporadas ao Natal cristão, é possível resgatar e adaptar esses costumes para uma vivência mais próxima de suas origens pagãs. Mesmo para aqueles que celebram o Natal, a inclusão de elementos de Yule permite uma conexão mais profunda com os ciclos naturais.

Se não houver lareira ou espaço para uma fogueira, é possível adaptar os rituais para ambientes internos. Velas podem substituir o fogo ritualístico, e ervas aromáticas ou incensos podem ser utilizados para criar uma atmosfera de espiritualidade e purificação.

Yule é um momento de renovação, esperança e celebração da luz. Ao conectar-se com essa energia ancestral, é possível preparar-se para o novo ciclo, fortalecer a gratidão e encher a vida de significado e alegria.

Yule é um momento de celebrar a vida, a esperança e o renascimento da luz. Ao se conectar com a energia desta noite sagrada, você pode se preparar para o novo ciclo que se inicia, renovar suas energias e trazer mais luz e alegria para sua vida.

# Capítulo 11
# Imbolc
# A Purificação

Imbolc -pronuncia-se "ím-bolk" ou "ím-molg"-, também conhecido como Oimelc ou Dia da Senhora, é um festival celta que celebra o despertar da terra após o inverno, os primeiros sinais da primavera e a promessa de renovação. Celebrado em 1º ou 2 de fevereiro no hemisfério norte -e em 1º de agosto no hemisfério sul-, Imbolc é um tempo de purificação, inspiração, fertilidade e preparação para o novo ciclo que se aproxima.

Imbolc, cujo nome deriva do gaélico e significa "no leite" ou "leite da ovelha", carrega um simbolismo profundo ligado à renovação e ao despertar da vida. Essa designação se deve ao fato de que, nesse período do ano, as ovelhas começam a produzir leite para alimentar seus cordeiros recém-nascidos, um dos primeiros sinais da chegada iminente da primavera. Esse momento representa não apenas a renovação da terra, mas também um ciclo de nutrição e crescimento, preparando a natureza e os seres vivos para a abundância que virá com a estação seguinte.

Além de sua conexão com o ciclo natural dos animais e da terra, Imbolc é intimamente associado à deusa celta Brigid, também conhecida como Brighid ou Bride. Reverenciada como uma divindade do fogo, da poesia, da cura, da metalurgia e da fertilidade, Brigid é uma figura poderosa e multifacetada dentro da mitologia celta. Sua presença se manifesta em múltiplos aspectos, sendo considerada uma deusa tríplice, representando as fases da donzela, da mãe e da anciã. Como guardiã do fogo sagrado, Brigid simboliza a inspiração e a transformação, guiando aqueles que buscam clareza, criatividade e cura em suas vidas.

Imbolc, portanto, é um festival dedicado à purificação e à renovação, uma celebração do retorno da luz e da preparação para o crescimento que a primavera trará. É um momento propício para se livrar do antigo, reacender a chama interior e plantar as sementes do futuro, tanto no sentido literal quanto no simbólico.

Os rituais de Imbolc são práticas ancestrais que visam purificar o corpo, a mente, o espírito e o ambiente, honrar a crescente luz do sol e se conectar com a energia inspiradora de Brigid. Um dos rituais mais comuns é a limpeza de primavera, uma prática que simboliza a eliminação das energias estagnadas do inverno e a renovação dos espaços físicos e espirituais. Para realizá-la, deve-se começar abrindo todas as janelas da casa, permitindo que o ar fresco circule e leve consigo qualquer resquício de estagnação. Em seguida, cada cômodo deve ser limpo com atenção, removendo objetos desnecessários e doando ou descartando o que não é mais útil. Durante a limpeza, é possível visualizar a energia pesada e parada sendo substituída por uma vibração mais leve e revigorante. O uso de incensos de ervas purificadoras, como sálvia, alecrim e louro, ou a aspersão de água com sal nos cantos dos ambientes pode potencializar essa renovação energética.

    Além da purificação dos espaços, é essencial realizar um ritual de purificação pessoal, reforçando o compromisso com a renovação interna. Um banho ritualístico pode ser preparado utilizando sal grosso e ervas como alecrim, lavanda e hortelã, ou óleos essenciais de limão, laranja e eucalipto. Durante o banho, é importante imaginar todas as impurezas físicas, emocionais e energéticas sendo dissolvidas e levadas pela água. Para intensificar o ritual, velas brancas ou azuis podem ser acesas ao redor do ambiente, simbolizando a paz e a purificação. Ao final, vestir roupas limpas e de cores claras ajudará a selar essa sensação de renovação e leveza.

    Criar um altar de Imbolc é outra forma significativa de honrar a energia desse festival e a presença de Brigid. Para isso, deve-se escolher um espaço especial na casa e cobri-lo com um tecido branco, amarelo claro ou verde claro. Sobre o altar, podem ser dispostos símbolos tradicionais dessa celebração, como uma imagem ou estátua de Brigid, velas nas cores branca, amarela ou verde, uma Cruz de Brigid, flores típicas da estação - como narcisos, prímulas e açafrão -, sementes ou brotos representando o potencial de crescimento, um recipiente com água simbolizando a purificação e um pequeno caldeirão, que remete ao útero da Deusa e ao poder da transformação. Também podem ser adicionadas ferramentas de artesanato, como novelos de lã, agulhas, tintas ou instrumentos musicais, representando a criatividade e a inspiração que Brigid concede aos seus devotos.

Outro elemento essencial de Imbolc é a Cruz de Brigid, um símbolo tradicional feito com palha, junco ou outros materiais naturais. Essa cruz apresenta quatro braços, que representam os elementos da natureza ou as quatro direções, e um centro entrelaçado, que simboliza a unidade e a proteção. Criar essa cruz é uma atividade meditativa e significativa, e, uma vez finalizada, pode ser pendurada na porta da casa ou em um local de destaque para atrair bênçãos e proteção ao lar e seus habitantes.

Como deusa do fogo, Brigid também é honrada através do ritual da chama sagrada. Acender uma vela branca no altar ou em um local especial da casa representa o despertar da luz interior e o fortalecimento da criatividade, da esperança e da inspiração. Durante esse ritual, é recomendável meditar observando a chama, visualizando-a como a centelha divina dentro de si, e pedir a Brigid que ilumine os caminhos e traga clareza e renovação para a vida. Recitar uma oração, compor um poema ou cantar uma canção em sua homenagem são formas adicionais de fortalecer essa conexão espiritual.

O ato de plantar sementes durante Imbolc simboliza tanto o início de um novo ciclo quanto a manifestação de desejos e intenções. Pode-se escolher sementes de flores, ervas ou vegetais e plantá-las em vasos ou diretamente na terra, concentrando-se na visualização dos sonhos e projetos se concretizando à medida que as plantas crescem e florescem. Escrever os desejos em pequenos pedaços de papel e enterrá-los junto com as sementes é um gesto simbólico que reforça essa intenção.

A criatividade também tem um papel central nesse festival, uma vez que Brigid é a patrona das artes. Reservar um momento para se expressar artisticamente - seja através da escrita, da pintura, da música, da dança ou do artesanato - é uma forma de honrar a energia inspiradora dessa deusa e fortalecer a conexão com sua própria essência criativa.

A adivinhação é outra prática associada a Imbolc, pois esse é um momento propício para buscar insights sobre o futuro e esclarecer caminhos. Métodos como Tarô, runas, Ogham ou leitura da borra de café podem ser utilizados para receber mensagens e orientações. Antes de iniciar qualquer leitura, pode-se pedir a Brigid que ilumine a intuição e traga respostas claras e inspiradoras.

Nenhuma celebração estaria completa sem um banquete simbólico, e Imbolc não é exceção. Preparar e compartilhar alimentos tradicionais dessa época, como laticínios - leite, queijo, iogurte -, pães, bolos, frutas e sementes, é uma maneira de celebrar a fertilidade da terra e a abundância que está por vir. Um brinde pode ser feito em honra a Brigid, à natureza e aos ancestrais, fortalecendo o sentimento de gratidão e conexão.

Por fim, uma caminhada ao nascer do sol pode ser um momento especial de introspecção e renovação. Se o clima permitir, sair ao ar livre antes do sol surgir no horizonte e observar a luz tomando conta do céu é uma forma de se conectar com o despertar da terra e sentir a energia vibrante da mudança.

Embora Imbolc tenha raízes ancestrais, ele pode ser adaptado à vida moderna e às crenças individuais. Caso não seja possível plantar sementes ao ar livre, pode-se cultivá-las em vasos dentro de casa. Se a conexão com a deusa Brigid não fizer sentido para alguém, é possível honrar a energia feminina e a criatividade de outras formas. O mais importante é a intenção de se alinhar com os ciclos naturais, purificar a vida e preparar-se para o novo ciclo com um coração aberto e cheio de luz.

Imbolc é um tempo de esperança, de renovação e de inspiração. Ao celebrar este festival, você pode se alinhar com os ritmos da natureza, despertar sua criatividade e trazer mais luz e alegria para sua vida.

# Capítulo 12
# Ostara
# O Equinócio da Primavera

Ostara, também conhecido como Equinócio da Primavera, é um festival celta que celebra o retorno do equilíbrio entre a luz e a escuridão, o despertar da natureza, a fertilidade da terra e o início da estação de crescimento. Celebrado por volta de 21 de março no hemisfério norte -e 21 de setembro no hemisfério sul-, Ostara é um tempo de alegria, renovação, novos começos e celebração da vida.

O nome "Ostara" tem suas raízes na antiga deusa germânica Eostre, também conhecida como Ostara, uma divindade associada à primavera, à fertilidade e ao renascimento. Sua figura simboliza o amanhecer e a renovação, representando a promessa de dias mais longos e férteis após o rigor do inverno. Entre seus principais símbolos, destacam-se a lebre, que simboliza a fertilidade e a agilidade, e os ovos, representações do potencial e da nova vida que emerge com a chegada da estação.

O Equinócio da Primavera marca um momento único no ciclo da natureza, em que a luz e a escuridão se encontram em perfeito equilíbrio. Esse fenômeno astronômico ocorre quando o dia e a noite têm exatamente a mesma duração, um marco que assinala a transição para dias progressivamente mais longos e ensolarados. Para os povos celtas, este era um período de grande celebração, pois significava a volta da vida à terra após meses de frio e escassez. A germinação das sementes, o florescimento das plantas e a reprodução dos animais eram sinais visíveis dessa renovação, e os rituais de Ostara refletiam essa profunda conexão com os ciclos naturais.

    A celebração de Ostara envolve uma série de rituais que honram tanto o equilíbrio entre luz e escuridão quanto a fertilidade da terra e a promessa de crescimento. Entre as práticas mais comuns está a decoração dos espaços com símbolos da primavera. Para isso, é recomendado o uso de cores vibrantes, como verde, amarelo, rosa, azul-claro e branco, que evocam a energia da renovação. A casa pode ser adornada com flores típicas da estação, como narcisos, tulipas, jacintos, prímulas e violetas, trazendo beleza e fragrância ao ambiente. Os ovos pintados ou decorados desempenham um papel importante nesse contexto, funcionando como símbolos de fertilidade e nova vida. É possível personalizá-los com símbolos celtas, cores vibrantes ou desenhos que representem desejos e intenções para o novo ciclo. Além disso, imagens ou estátuas de lebres e coelhos podem ser dispostas no espaço, reforçando a simbologia fértil de Ostara. Tecidos coloridos, fitas e enfeites diversos ajudam a criar um ambiente festivo e harmonioso.

    Outra prática essencial para a celebração do festival é a criação de um altar dedicado à deusa Eostre e às energias da primavera. Esse altar pode ser montado em qualquer espaço especial da casa, sendo coberto com tecidos verdes, amarelos ou brancos, que simbolizam o renascimento da natureza. Entre os itens que podem ser dispostos no altar, destacam-se uma imagem ou estátua da deusa, velas em tons vibrantes, flores frescas, ovos decorados, sementes e brotos, além de um recipiente com água, representando a fertilidade. Cristais como quartzo rosa, ametista, citrino e quartzo verde podem ser adicionados para intensificar a energia de renovação e equilíbrio.

A busca pelo equilíbrio é uma das principais temáticas de Ostara, e um ritual simples, mas poderoso, pode ser realizado para harmonizar as energias internas. Para isso, acendem-se duas velas no altar: uma representando a luz e outra simbolizando a escuridão. Durante o ritual, é importante meditar sobre as áreas da vida em que se sente equilibrado e aquelas que necessitam de ajustes. A visualização da luz e da escuridão se integrando dentro de si pode auxiliar nesse processo, promovendo um estado de harmonia e clareza. Para finalizar, pode-se recitar uma oração, um poema ou até mesmo entoar uma canção em homenagem ao equilíbrio.

O plantio de sementes também é uma prática essencial desse período, tanto em um sentido literal quanto metafórico. O ato de semear flores, ervas ou vegetais simboliza o cultivo de novos projetos e intenções para o futuro. Ao plantar, é possível visualizar os desejos para o novo ciclo crescendo junto com as plantas, e uma maneira de reforçar esse simbolismo é escrever intenções em pequenos pedaços de papel e enterrá-los junto às sementes.

Outro costume tradicional que atravessou séculos é a caça aos ovos, prática que mais tarde foi incorporada às celebrações da Páscoa cristã. Essa atividade, além de divertida, carrega consigo um simbolismo profundo: representa a busca pela fertilidade, pela abundância e pela alegria. Para realizá-la, ovos pintados ou decorados podem ser escondidos pela casa ou jardim, convidando amigos e familiares para participar. Pequenos presentes ou mensagens podem ser colocados dentro dos ovos, tornando a experiência ainda mais especial.

Aproveitar a chegada da primavera ao ar livre é uma excelente forma de se conectar com a energia da estação. Um piquenique em um parque, bosque ou jardim permite desfrutar da beleza da natureza enquanto se compartilham alimentos frescos e leves, como saladas, frutas, sanduíches e sucos. Esse momento pode ser uma oportunidade para celebrar a amizade, a vida e o renascimento, enquanto se aprecia o sol e o ar puro.

Outra maneira de honrar Ostara é através de caminhadas conscientes na natureza. Observar atentamente as flores desabrochando, os pássaros cantando e os animais em atividade permite uma conexão mais profunda com a energia da primavera. Sentir a terra sob os pés, respirar o perfume das flores e absorver a luz do sol são práticas que revitalizam corpo e espírito.

Como forma de gratidão à natureza, um ritual de oferenda pode ser realizado. Pequenos presentes, como flores, sementes, frutas, mel ou leite, podem ser deixados em um local especial, como a base de uma árvore, próximo a um rio ou sobre uma pedra. Esse gesto simboliza reconhecimento e respeito pelos ciclos naturais e pela abundância que a terra oferece.

Dançar e cantar são expressões espontâneas de alegria e vitalidade, e durante Ostara, essas práticas podem ser incorporadas às celebrações. Músicas alegres podem ser tocadas, incentivando movimentos livres e espontâneos, que ajudam a despertar a energia vital. Cantar canções que exaltam a primavera e a renovação também fortalece a conexão com a essência do festival.

A limpeza energética é outro aspecto importante desse período de renovação. Assim como se faz uma limpeza física na casa, remover energias estagnadas do ambiente e do próprio campo energético pode trazer benefícios significativos. Isso pode ser feito através do uso de incensos, banhos de ervas ou defumação com sálvia, promovendo uma atmosfera de frescor e leveza.

Ostara, embora tenha raízes ancestrais, pode ser facilmente adaptado à vida moderna e às crenças individuais. Para aqueles que vivem em espaços reduzidos, como apartamentos, é possível cultivar plantas em vasos ou criar um pequeno jardim vertical. Caso a conexão com a figura da deusa Eostre não seja natural, é possível focar na energia geral da primavera e na renovação simbólica que essa época do ano traz.

Muitos dos elementos tradicionais de Ostara foram assimilados pelas celebrações da Páscoa cristã, como os ovos decorados, os coelhos e as flores. Para quem celebra essa data, há formas sutis de integrar os significados pagãos à festividade, resgatando as origens ancestrais dessa comemoração. O essencial é reconhecer e honrar a energia de renovação, equilíbrio e fertilidade que permeia esse período do ano, permitindo que essa força guie novos começos e desperte a alegria da vida florescendo novamente.

Ostara é um tempo de celebrar o renascimento da vida, o equilíbrio e a fertilidade. Ao se conectar com a energia desta época do ano, você pode renovar suas energias, plantar as sementes para o futuro e trazer mais alegria e abundância para sua vida.

# Capítulo 13
# Beltane
# O Fogo Sagrado

Beltane -pronuncia-se "bél-tein" ou "bi-ál-ti-na"-, também conhecido como Dia de Maio ou Cétshamhain, é um festival celta que celebra o auge da primavera, a união do masculino e do feminino, a fertilidade da terra e o poder do fogo. Celebrado em 1º de maio no hemisfério norte -e 1º de novembro no hemisfério sul-, Beltane é um tempo de paixão, alegria, criatividade e celebração da vida em sua plenitude.

Beltane, cuja pronúncia pode variar entre "bél-tein" e "bi-ál-ti-na", tem raízes profundas na cultura celta e simboliza a transição vibrante da primavera para o auge de sua força, marcando a fertilidade da terra e a potência do fogo sagrado. A palavra "Beltane" vem do gaélico e significa "fogo brilhante" ou "fogo de Bel", uma referência ao deus celta Belenos, associado ao sol, à luz e à cura. O fogo, aliás, ocupa um papel central nesse festival, representando a paixão ardente, a energia vital, a purificação e a renovação.

A celebração acontece no ponto intermediário entre o equinócio da primavera e o solstício de verão, quando a natureza exibe sua plenitude, os campos florescem, os animais se acasalam e a energia da vida pulsa intensamente. Para os povos celtas, Beltane era uma ocasião de honrar a união sagrada entre o princípio masculino e o feminino, garantindo a continuidade da vida e a prosperidade da terra. Os rituais eram vibrantes, repletos de danças, fogueiras e festividades que exaltavam a fertilidade e a conexão com o sagrado.

Entre os costumes tradicionais, a queima das fogueiras de Beltane era um dos mais importantes. Elas eram acesas nos altos das colinas e em locais sagrados, onde as pessoas se reuniam para celebrar. Caso não haja a possibilidade de fazer uma fogueira ao ar livre, velas podem ser usadas como representação do fogo sagrado. Acender velas vermelhas, laranjas, amarelas ou douradas cria um ambiente simbólico de calor e transformação. Em tempos antigos, acreditava-se que saltar sobre as chamas da fogueira promovia purificação, renovação e atraía sorte e fertilidade. Hoje, essa prática pode ser adaptada com velas ou até mesmo com a visualização desse ritual em uma meditação.

Outro elemento icônico de Beltane é a dança ao redor do mastro de maio, ou Maypole, um símbolo fálico que representa a união do Deus e da Deusa. Fitas coloridas são trançadas ao redor do mastro por dançarinos, criando um padrão entrelaçado que simboliza a fertilidade e a interconexão de todas as coisas. Se não houver um Maypole tradicional disponível, qualquer poste, árvore ou até mesmo uma vela alta pode servir como substituto para essa dança ritualística.

Além das danças e do fogo, os rituais de união sagrada são parte essencial da celebração. Para casais, esse é um momento perfeito para reafirmar votos, acender velas juntos, trocar presentes simbólicos e compartilhar uma refeição especial. Para os solteiros, Beltane oferece a oportunidade de harmonizar as energias masculina e feminina dentro de si, reconhecendo e equilibrando qualidades como força e sensibilidade, lógica e intuição.

A decoração também desempenha um papel importante na festividade. A casa pode ser adornada com flores da primavera, como rosas, margaridas, lírios e flores silvestres, e ramos verdes de árvores como salgueiro, freixo e espinheiro podem ser usados para embelezar portas e janelas. Coroas e guirlandas florais são uma excelente maneira de trazer a energia vibrante da estação para o ambiente doméstico.

Para aqueles que desejam uma conexão ainda mais profunda, criar um altar dedicado a Beltane pode ser uma prática poderosa. Esse altar pode ser montado em um espaço especial da casa, coberto com um tecido nas cores da estação – vermelho, laranja, verde ou floral – e decorado com elementos simbólicos como imagens de divindades do amor e da fertilidade, velas coloridas, flores, cristais como quartzo rosa e granada, frutas como morangos e romãs e até um cálice com vinho, representando o princípio feminino, ao lado de um bastão ou athame, representando o princípio masculino.

Para aqueles que buscam fertilidade em qualquer aspecto – seja na concepção de um filho, na realização de projetos ou no florescimento da criatividade –, um ritual específico pode ser realizado. Esse ritual pode incluir preces às divindades da fertilidade, o uso de ervas e cristais simbólicos e até mesmo uma cerimônia íntima de consagração do desejo. Para quem não busca a fertilidade literal, Beltane pode ser um excelente momento para celebrar a abundância da vida e a capacidade infinita de criação e manifestação dos sonhos.

A alimentação também é parte fundamental da celebração. A mesa pode ser farta com alimentos simbólicos, como frutas vermelhas, cerejas, romãs, mel, leite, pães, bolos e vinho. Compartilhar essa refeição com amigos e familiares fortalece os laços, promovendo um ambiente de alegria e conexão. Além disso, um brinde pode ser feito em honra aos deuses da fertilidade, à terra e aos ancestrais, celebrando a energia vibrante da temporada.

Outro ritual significativo é o de purificação com o fogo. Para isso, pode-se escrever em um pedaço de papel tudo aquilo que se deseja liberar – medos, crenças limitantes, ressentimentos ou hábitos negativos – e queimá-lo na fogueira ou em uma vela, visualizando essas energias sendo transformadas em cinzas e dissipadas pelo vento. Esse ato simboliza a renovação, permitindo que o novo entre em nossas vidas com mais leveza e harmonia.

Para os que desejam uma imersão ainda maior, passar a noite de Beltane ao ar livre pode ser uma experiência transformadora. Em algumas tradições celtas, dormir sob as estrelas nessa noite era uma maneira de se conectar profundamente com a energia da natureza e com os espíritos da terra. Se houver um espaço seguro disponível, essa pode ser uma oportunidade mágica para meditar, observar o céu, cantar e celebrar a chegada do verão.

Por fim, uma das tradições mais singelas e encantadoras de Beltane envolve o orvalho da manhã. Acredita-se que esse orvalho possui propriedades mágicas e curativas, especialmente para a beleza e a juventude. Ao amanhecer, pode-se coletar um pouco desse orvalho e usá-lo para lavar o rosto, abençoar objetos ou incorporá-lo a feitiços e rituais de renovação.

Mesmo na vida moderna, Beltane pode ser celebrado de forma adaptada, sem perder sua essência. Em ambientes urbanos, velas podem substituir fogueiras, incensos podem ser usados para purificar espaços e pequenos altares podem ser montados sobre mesas ou prateleiras. O importante é a intenção de honrar o ciclo da vida, da paixão e da fertilidade, celebrando a energia vibrante que esse festival traz.

Independentemente de como se escolha celebrar, Beltane é um convite para reacender a chama interior, despertar a criatividade e cultivar alegria e abundância em todos os aspectos da vida.

Beltane é um tempo de celebrar a paixão, a alegria, a união e a fertilidade. Ao se conectar com a energia deste festival, você pode acender sua chama interior, despertar sua criatividade e trazer mais amor e abundância para sua vida.

# Capítulo 14
# Litha
# O Solstício de Verão

Litha, também conhecido como Solstício de Verão, Meio do Verão ou Alban Hefin, é um festival celta que celebra o auge do poder do sol, o dia mais longo do ano e a abundância da natureza. Celebrado por volta de 21 de junho no hemisfério norte -e 21 de dezembro no hemisfério sul-, Litha é um tempo de força, vitalidade, alegria, gratidão e celebração da luz.

O Solstício de Verão é um momento astronômico especial, marcando o instante em que o sol atinge seu ponto mais alto no céu, resultando no dia mais longo e na noite mais curta do ano. A partir desse ápice de luz, os dias começam a encurtar gradualmente, anunciando a transição para a segunda metade do ciclo solar. No entanto, mesmo com a diminuição da duração do dia, a energia do sol permanece intensa e abundante, irradiando força e vitalidade.

Para os celtas, esse período era um momento sagrado de honra ao Deus Sol, reconhecido como a fonte primordial de vida e energia. Litha era celebrado como um tempo de júbilo, quando se exaltava a fertilidade da terra, a plenitude da natureza e a generosidade das colheitas vindouras. O festival era também uma oportunidade para reafirmar a conexão com o mundo natural, percebendo a beleza ao redor e expressando gratidão pelas bênçãos concedidas. O sol, nesse contexto, era visto não apenas como um astro celeste, mas como um símbolo de renovação e de força vital, que aquece, ilumina e sustenta toda a existência.

Os rituais realizados durante Litha são profundamente ligados à energia do sol e à celebração da abundância. Essas práticas visam honrar a luz, fortalecer a vitalidade pessoal e promover a conexão espiritual com a estação. Existem diversas maneiras de celebrar esse festival, cada uma delas carregando um significado especial e proporcionando um momento de introspecção e comunhão com a natureza.

Observar o nascer ou o pôr do sol é uma das formas mais simples e poderosas de se conectar com a essência de Litha. Esse é um momento para contemplar a grandeza do sol, sentindo seu calor sobre a pele e absorvendo sua energia revitalizante. Para isso, pode-se acordar antes do amanhecer e buscar um local tranquilo para assistir ao espetáculo do nascer do sol, observando as mudanças sutis de cor no céu e sentindo a renovação energética trazida pelo novo dia. Da mesma forma, ao entardecer, é possível encontrar um espaço especial para contemplar o pôr do sol, agradecendo pela luz recebida ao longo do dia e refletindo sobre sua simbologia. Durante essa experiência, muitas pessoas recitam orações, declamam poemas ou entoam canções dedicadas ao sol, expressando sua gratidão e respeito pela sua presença constante.

Outro ritual tradicional de Litha é a fogueira, um dos elementos centrais da celebração. O fogo representa a força do sol e sua capacidade de iluminar e transformar. Se houver um espaço seguro ao ar livre, pode-se acender uma fogueira ao pôr do sol, reunindo-se ao seu redor para cantar, dançar, meditar ou compartilhar histórias. Jogar ervas aromáticas como alecrim, sálvia, louro, camomila ou lavanda nas chamas intensifica a experiência, liberando fragrâncias purificadoras no ar. Essa prática pode ser acompanhada de uma visualização simbólica, imaginando que o fogo consome e dissipa energias negativas, abrindo caminho para a luz, a alegria e a renovação. Para aqueles que não podem fazer uma fogueira, o uso de velas em tons de amarelo, laranja ou dourado pode substituir esse elemento, mantendo viva a simbologia da chama sagrada.

Criar um altar dedicado a Litha também é uma forma poderosa de canalizar a energia do festival. Esse espaço pode ser montado em qualquer lugar especial dentro de casa, decorado com cores vibrantes como amarelo, laranja, dourado ou branco. Entre os elementos que podem compor esse altar, estão imagens ou estátuas de divindades solares, como Apolo, Rá, Lugh ou Belenos, além de velas coloridas, flores da estação—girassóis, margaridas, calêndulas e lírios—, frutas frescas como pêssegos, damascos, melões e mangas, e cristais energéticos como citrino, âmbar, olho de tigre e pirita. Objetos simbólicos ligados ao sol, como espirais e discos solares, também podem ser incluídos para fortalecer a conexão com essa energia.

Um momento essencial dentro da celebração de Litha é o ritual de gratidão. Esse festival é uma oportunidade para refletir sobre as bênçãos recebidas e expressar apreço por elas. Para isso, pode-se criar uma lista com tudo o que há para agradecer na vida, seja escrevendo em um diário, fazendo uma oferenda à natureza ou simplesmente verbalizando essa gratidão. Algumas pessoas preferem montar um altar específico para esse propósito, enquanto outras optam por uma oração sincera direcionada ao Deus Sol, à Mãe Terra ou aos ancestrais, reconhecendo suas dádivas e pedindo continuidade para o ciclo de abundância.

A culinária desempenha um papel significativo nas festividades de Litha, sendo uma forma deliciosa e simbólica de honrar a ocasião. Preparar uma refeição especial com ingredientes sazonais—como frutas frescas, saladas coloridas, pães artesanais, bolos doces e mel—é uma maneira de trazer a energia da terra para o momento de celebração. Compartilhar essa comida com amigos e familiares fortalece os laços afetivos e reforça o espírito de alegria e abundância característico desse período. Muitas tradições incluem brindes ao sol e à natureza, utilizando bebidas simbólicas como hidromel ou sucos naturais.

Estar ao ar livre e caminhar na natureza também é uma excelente maneira de se conectar com a energia vibrante do solstício. Uma caminhada consciente por um parque, floresta ou praia permite observar a plenitude da vida ao redor, sentir a força da terra sob os pés e perceber os ciclos naturais que regem o mundo. Durante esse passeio, pode-se dedicar um momento para observar os animais, tocar as plantas e expressar gratidão pela generosidade da Mãe Terra.

O banho de sol, quando realizado com consciência e respeito aos limites do corpo, pode ser um verdadeiro ritual de recarga energética. Ao se expor ao sol, é possível visualizar sua luz penetrando cada célula, nutrindo e revitalizando todo o ser. Esse é um exercício poderoso de absorção da energia solar, mas deve ser feito com cautela, utilizando proteção adequada e evitando horários de alta intensidade solar.

A prática com cristais também é bastante associada a Litha, sendo possível trabalhar com pedras como citrino, olho de tigre e âmbar para potencializar a conexão com o sol. Esses cristais podem ser carregados consigo, colocados no altar ou utilizados em meditações e rituais de energização.

Além disso, Litha é um período propício para rituais de cura, tanto física quanto emocional. Utilizar velas, incensos e ervas em rituais de bem-estar pode ajudar na renovação das energias e na restauração do equilíbrio. Durante esses momentos, pode-se visualizar a luz do sol penetrando nos pontos que necessitam de cura, promovendo restauração e fortalecimento.

Por fim, a criatividade é incentivada nesse festival. Criar arte—seja através da pintura, escrita, dança ou música—é uma maneira de canalizar a energia inspiradora de Litha e expressar sentimentos e intenções. Esse é um tempo de celebração da vida em sua plenitude, e qualquer manifestação artística pode ser uma forma poderosa de honrar essa data.

Mesmo no mundo moderno, é possível adaptar as tradições de Litha para diferentes realidades e crenças pessoais. Quem vive em apartamentos pode montar pequenos altares, usar velas e incensos para representar o fogo, e decorar o espaço com flores e frutas da estação. Da mesma forma, aqueles que não cultuam divindades específicas podem simplesmente direcionar sua celebração à energia do sol e da luz, reconhecendo sua influência sobre todos os seres vivos.

Litha nos convida a celebrar a força, a vitalidade e a abundância, lembrando-nos de que a luz está sempre presente, mesmo nos momentos em que começamos a caminhar em direção à escuridão. Ao se conectar com esse festival, podemos fortalecer nossa própria energia, agradecer pelo que já recebemos e nos preparar para os próximos ciclos da Roda do Ano.

Litha é um tempo de celebrar a força, a vitalidade, a alegria e a abundância. Ao se conectar com a energia deste festival, você pode fortalecer sua energia vital, agradecer pelas bênçãos recebidas e se preparar para o próximo ciclo da roda do ano.

# Capítulo 15
# Lughnasadh
## A Primeira Colheita

Lughnasadh -pronuncia-se "lu-ná-sa"- ou Lammas, é um festival celta que celebra a primeira colheita, o início da temporada de colheita e a generosidade da terra. Celebrado em 1º de agosto no hemisfério norte -e 1º ou 2 de fevereiro no hemisfério sul-, Lughnasadh é um tempo de gratidão, reconhecimento, sacrifício e preparação para o futuro.

Lughnasadh, cujo nome significa "comemoração de Lugh" ou "jogos de Lugh", é uma celebração em honra ao deus celta Lugh, uma divindade associada à luz, às habilidades, às artes, à guerra e à realeza. Lugh era um mestre em múltiplas formas de arte, um guerreiro habilidoso e um líder justo, sendo reverenciado pelos celtas como um dos deuses mais importantes de seu panteão. A lenda conta que Lugh instituiu os jogos de Lughnasadh como uma homenagem à sua mãe adotiva, Tailtiu, que dedicou sua vida a tornar as terras férteis para a agricultura e, como consequência de seu árduo trabalho, morreu de exaustão. Para honrar seu sacrifício, Lugh organizou festivais que incluíam competições atléticas, corridas de cavalos, feiras, mercados e celebrações, reunindo o povo para momentos de gratidão e reconhecimento da abundância que a terra lhes proporcionava.

Esse festival ocorre no ponto intermediário entre o solstício de verão e o equinócio de outono, um período em que os primeiros grãos são colhidos, as frutas atingem sua maturação e a natureza começa sua transição para o declínio do ano. Para os celtas, Lughnasadh não era apenas uma celebração da fartura, mas também um momento de reflexão sobre a necessidade de preservação dos recursos e de preparação para o inverno que se aproximava. O reconhecimento do ciclo da vida, da morte e do renascimento era central para essa cultura, e esse festival simbolizava a interdependência entre o sacrifício e a continuidade da vida.

Os rituais realizados nesse período são focados na gratidão pela colheita, na conexão com a terra e na preparação para os desafios futuros. Um dos rituais mais simbólicos é a confecção do Pão de Lughnasadh, conhecido como "Lammas Bread". O pão representa o grão colhido e a nutrição que sustenta a vida, tornando-se um dos elementos centrais da celebração. Para confeccioná-lo, é possível utilizar farinha de trigo, centeio, cevada ou outros grãos, adicionando sementes, ervas ou frutas secas para enriquecer seu sabor e simbolismo. Durante o preparo, enquanto a massa é sovada, é recomendado visualizar a energia da terra e do sol se unindo à massa, abençoando-a com fartura e nutrição. O pão deve ser assado com intenção e amor, sendo posteriormente compartilhado com familiares e amigos como um gesto de celebração e comunhão.

Outro ritual significativo é a criação de um altar dedicado a Lughnasadh e ao deus Lugh. Esse altar pode ser montado em um local especial da casa, sendo coberto com um tecido em tons quentes, como amarelo, laranja, dourado ou marrom, representando a energia do sol e da colheita. Sobre ele, podem ser dispostos símbolos relacionados ao festival, como imagens ou estátuas de Lugh e de outras divindades da colheita, velas em tons dourados, feixes de trigo e cevada, frutas sazonais como maçãs, peras, amoras e ameixas, pães e bolos preparados com grãos, ferramentas agrícolas em miniatura, como foices e arados, além de símbolos associados a Lugh, como lanças e discos solares.

A gratidão é um dos aspectos mais importantes desse festival, e um ritual de agradecimento pode ser realizado para reconhecer as bênçãos recebidas. Isso pode ser feito por meio da escrita de uma lista contendo tudo o que há de positivo na vida: a saúde, os relacionamentos, as conquistas e os aprendizados. Expressar essa gratidão pode ocorrer de diversas formas, como verbalizando os agradecimentos, escrevendo em um diário, acendendo velas no altar ou fazendo uma oferenda à natureza como forma de retribuição.

Ofertar algo à natureza é um gesto de reconhecimento pela generosidade da terra. Para isso, é possível deixar alimentos como pão, frutas, grãos, mel, leite ou água em um local natural especial, como a base de uma árvore, às margens de um rio ou sobre uma pedra. Antes de realizar a oferenda, é essencial pedir permissão à natureza, demonstrando respeito, e finalizar o ritual com um agradecimento sincero.

A celebração também envolve a partilha de alimentos e bebidas. Preparar uma refeição especial utilizando ingredientes típicos da estação, como milho, abóbora, batata, tomate e frutas vermelhas, é uma maneira de honrar a colheita. A comida deve ser compartilhada em um momento de celebração com família e amigos, e um brinde pode ser feito em honra a Lugh, à terra e a todos os seres vivos.

Um dos rituais mais profundos desse festival é o ritual de sacrifício simbólico, que representa a troca necessária para o crescimento e a continuidade da vida. Assim como os grãos precisam ser cortados para se tornarem pão, certos aspectos da vida precisam ser deixados para trás para que novos ciclos possam começar. Esse ritual pode ser realizado escolhendo um objeto, um talento, um hábito ou qualquer elemento que represente algo que se deseja abandonar em troca de algo novo. Escrever em um papel o que se deseja sacrificar e o que se espera receber em troca é uma forma de concretizar essa intenção. O papel pode ser queimado em uma fogueira ou chama de vela, simbolizando a transformação e a renovação.

Os jogos e competições também fazem parte da tradição de Lughnasadh, remetendo aos antigos jogos instituídos por Lugh. Para honrar esse espírito, é possível organizar atividades como corridas, cabo de guerra, arremesso de peso ou até jogos de tabuleiro, incentivando a diversão e a celebração da vitalidade.

A adivinhação é outro elemento que pode ser incorporado às celebrações. Como Lughnasadh marca a transição entre estações, esse é um momento propício para buscar orientação sobre o futuro. Métodos como Tarô, runas, Ogham ou a leitura da borra de café podem ser utilizados para acessar mensagens e insights, pedindo a Lugh que ilumine a intuição e traga clareza sobre os caminhos a seguir.

Além dos rituais tradicionais, a expressão artística e artesanal é incentivada durante Lughnasadh, pois Lugh é o deus das habilidades e das artes. Dedicar-se a atividades criativas, como trançar palha, confeccionar bonecas de milho, esculpir, pintar ou tecer, é uma maneira de honrar a energia desse deus e fortalecer as habilidades individuais.

Por fim, caminhar por um campo de grãos, caso haja a possibilidade, é uma maneira poderosa de se conectar com a essência do festival. Sentir a presença da natureza, tocar os grãos maduros e expressar gratidão diretamente à terra fortalece o vínculo com os ciclos naturais e reforça o propósito desse período de colheita.

Atualmente, Lughnasadh pode ser adaptado à vida moderna de diversas formas. Aqueles que vivem em áreas urbanas podem criar pequenos altares em casa, utilizar velas para representar o fogo e decorar seus espaços com frutas, pães e flores da estação. Para aqueles que não se identificam com a figura de Lugh, o festival pode ser celebrado focando na energia da colheita, da gratidão e do sacrifício de maneira mais abrangente. O essencial é a intenção de se conectar com esse ciclo e celebrar a abundância da vida.

Assim, Lughnasadh se mantém como um período de reverência à generosidade da terra, de reconhecimento do sacrifício necessário para a continuidade e de preparação para os novos ciclos que virão. Ao vivenciar essa celebração, é possível fortalecer a conexão com a natureza, reconhecer as próprias conquistas e se preparar conscientemente para os desafios e bênçãos do futuro.

Lughnasadh é um tempo de celebrar a colheita, agradecer pela generosidade da terra, reconhecer o sacrifício necessário para o crescimento e se preparar para o futuro. Ao se conectar com a energia deste festival, você pode fortalecer sua conexão com a natureza, celebrar seus sucessos e se preparar para o próximo ciclo da roda do ano.

# Capítulo 16
# Mabon
# O Equinócio de Outono

Mabon, também conhecido como Equinócio de Outono, Segunda Colheita ou Alban Elfed, é um festival celta que celebra o equilíbrio entre a luz e a escuridão, a colheita final, a gratidão pelas bênçãos recebidas e a preparação para o inverno. Celebrado por volta de 21 de setembro no hemisfério norte -e 21 de março no hemisfério sul-, Mabon é um tempo de introspecção, recolhimento, agradecimento e planejamento.

O nome "Mabon" tem uma origem relativamente recente, sendo cunhado por Aidan Kelly na década de 1970. Ele se inspirou em Mabon ap Modron, um personagem da mitologia galesa, filho da deusa Modron, a Grande Mãe. Embora não existam evidências concretas de que os antigos celtas tenham usado essa denominação para o equinócio de outono, o termo rapidamente se popularizou na comunidade pagã moderna, tornando-se uma referência amplamente aceita para este período do ano.

O Equinócio de Outono é um momento especial no calendário astronômico, marcando o equilíbrio perfeito entre o dia e a noite, quando ambas as partes têm a mesma duração. Esse fenômeno ocorre porque o sol cruza o equador celeste, e, a partir desse ponto, os dias começam a se encurtar, enquanto as noites se tornam mais longas. Esse evento simboliza o declínio do sol e a transição para o inverno, um período de recolhimento, introspecção e preparação para os desafios que os meses frios trarão.

Para os povos celtas, Mabon representava a segunda colheita do ano, um momento crucial para garantir a sobrevivência durante o inverno. Nesta fase, frutas como maçãs, uvas e romãs, além de nozes e vegetais, eram colhidos e armazenados. Era um tempo de profunda gratidão pela abundância da terra e pelo sustento garantido para os meses de escassez que viriam. Além da questão prática da colheita, essa celebração trazia uma dimensão espiritual significativa, pois simbolizava a dualidade da existência: luz e escuridão, alegria e tristeza, crescimento e declínio. Assim, Mabon era também um período de reflexão e busca pela harmonia interior, convidando as pessoas a encontrarem equilíbrio em suas próprias vidas.

Os rituais de Mabon são voltados para a celebração desse equilíbrio e para expressar gratidão pelas dádivas recebidas ao longo do ano. Diversas práticas podem ser incorporadas para tornar essa comemoração especial e significativa. Criar um altar para Mabon é uma maneira poderosa de honrar essa energia e se conectar com o espírito da estação. Para isso, escolha um local especial em sua casa e cubra-o com um tecido que represente o outono, em tons de marrom, laranja, vermelho, dourado ou roxo. No altar, disponha símbolos da colheita, como folhas secas em tons vibrantes, frutas da estação -maçãs, uvas, romãs, peras e abóboras-, além de nozes, castanhas e sementes. Espigas de milho e trigo também são elementos simbólicos importantes, assim como velas nas cores do outono. Cristais associados a essa época, como âmbar, citrino, olho de tigre, cornalina e jaspe vermelho, podem ser colocados para potencializar a energia. Para aqueles que cultuam divindades, imagens ou estátuas de deuses e deusas ligados à colheita e ao submundo, como Deméter, Perséfone, Dionísio, Hades, Cernunnos e a Deusa Mãe, podem ser incorporadas ao altar.

Expressar gratidão é uma prática essencial durante Mabon. Reserve um momento para refletir sobre todas as bênçãos recebidas durante o ano e escreva uma lista contendo tudo o que lhe trouxe felicidade e aprendizado: saúde, família, amigos, trabalho, conquistas e até mesmo desafios que proporcionaram crescimento. Após fazer essa reflexão, leia a lista em voz alta, registre-a em um diário ou ofereça um presente simbólico à natureza, como forma de agradecimento. Uma oração ou prece direcionada aos deuses e deusas da colheita, à Mãe Terra ou aos ancestrais também pode ser feita para reforçar essa energia de gratidão.

Mabon também convida à busca do equilíbrio. Para simbolizar essa harmonia, acenda duas velas no altar, uma representando a luz e outra representando a escuridão. Durante esse momento, medite sobre sua própria vida e identifique onde há equilíbrio e onde é necessário ajustes. Visualize as energias do dia e da noite se harmonizando dentro de você, promovendo um estado de paz e integração. Você pode complementar esse ritual compondo ou recitando um poema, cantando uma canção ou simplesmente permanecendo em silêncio, absorvendo a energia do momento.

Conectar-se com a natureza é outra maneira poderosa de celebrar Mabon. Faça uma caminhada ao ar livre, observando as transformações da estação. Em um parque, floresta ou qualquer ambiente natural, contemple as folhas que caem, os tons quentes das árvores e os sinais de preparação da fauna para o inverno. Respire profundamente, absorva a energia da terra e expresse sua gratidão pela beleza e abundância do mundo natural.

Preparar uma refeição com alimentos típicos da estação também é uma forma deliciosa de honrar esse festival. Cozinhar pratos com abóbora, batata-doce, maçãs, peras, uvas, nozes e castanhas traz o sabor e a essência do outono para a celebração. Assados, pães e pratos quentes podem ser compartilhados com familiares e amigos em um banquete especial, fortalecendo os laços e a energia comunitária. Um brinde aos deuses e deusas da colheita, à terra e à prosperidade futura pode encerrar esse momento festivo.

Outro ritual significativo de Mabon é o de liberação. Assim como as árvores soltam suas folhas, este é um tempo para desapegar do que já não serve mais. Pegue um pedaço de papel e escreva tudo aquilo que deseja deixar para trás: medos, preocupações, mágoas, ressentimentos, hábitos nocivos ou padrões limitantes. Depois, queime esse papel em uma vela ou fogueira, visualizando a transformação dessas energias negativas em cinzas, sendo levadas pelo vento. Esse ato simbólico ajuda a criar espaço para o novo e promove um senso de renovação e leveza.

Trazer a essência do outono para dentro de casa através da decoração também é uma forma simples e poderosa de celebrar Mabon. Utilize cores quentes e elementos naturais, como folhas secas, galhos, pinhas, abóboras e frutas, para criar um ambiente acolhedor e sintonizado com a estação.

A introspecção também é um aspecto essencial deste festival. Reserve um tempo para refletir sobre o ciclo que está se encerrando, registrando suas experiências, aprendizados e desafios em um diário. Meditar, ler um livro inspirador ou simplesmente ficar em silêncio podem ajudar a processar esse momento de transição e estabelecer intenções para o próximo ciclo.

Honrar os ancestrais é outra prática valiosa de Mabon. Criar um pequeno altar com fotos e objetos que remetam àqueles que vieram antes de nós, acender velas ou oferecer alimentos e flores são formas de demonstrar respeito e conexão. Visitar um cemitério, fazer uma oração ou apenas lembrar com carinho das histórias e ensinamentos transmitidos por eles fortalece esse vínculo espiritual.

Por fim, preparar-se para o inverno é uma ação prática e simbólica. Organizar a casa, limpar espaços, armazenar alimentos e planejar os meses frios que virão são maneiras de alinhar-se ao ciclo natural da terra. Assim como a natureza se recolhe, nós também podemos nos preparar para momentos de maior recolhimento e reflexão.

Embora Mabon seja uma celebração ancestral, sua essência pode ser facilmente adaptada à vida moderna. Para aqueles que vivem em espaços pequenos, um altar simples em uma prateleira ou mesa já é suficiente para criar um ponto focal de conexão. Se a devoção a divindades celtas não ressoa com suas crenças, é possível direcionar a energia da celebração para agradecer à natureza, ao universo ou simplesmente ao próprio ciclo da vida. O importante é a intenção: reconhecer e honrar o equilíbrio, a colheita e a transição que este período representa.

Mabon é um convite para celebrar a harmonia, a gratidão e a renovação. Ao nos conectarmos com essa energia, refletimos sobre nossa jornada, deixamos para trás o que não nos serve mais e nos preparamos para os novos desafios e oportunidades que o próximo ciclo trará.

Mabon é um tempo de celebrar o equilíbrio, a gratidão, a colheita e a preparação para o inverno. Ao se conectar com a energia deste festival, você pode refletir sobre sua vida, liberar o que não serve mais, agradecer pelas bênçãos recebidas e se preparar para o próximo ciclo da roda do ano.

# Parte III
# Rituais de Passagem e Celebrações

## Capítulo 17
## Nascimento e Nomeação

Na tradição celta, o nascimento de uma criança era um evento sagrado, um momento de grande alegria e celebração, mas também de cuidado e proteção. Acreditava-se que o recém-nascido era especialmente vulnerável às forças do Outro Mundo, e por isso, rituais eram realizados para garantir sua segurança, sua saúde e sua conexão com a comunidade e com os deuses.

Logo após o nascimento, a criança era acolhida em um ambiente cuidadosamente preparado para protegê-la de influências negativas e garantir que sua chegada ao mundo fosse abençoada por boas energias. O primeiro ritual realizado era o banho purificador, uma prática carregada de simbolismo e intenções sagradas. A água, elemento essencial da vida, era enriquecida com ervas de poder protetor e curativo, como alecrim, sálvia, arruda e verbena. Cada uma dessas ervas possuía um significado especial: o alecrim trazia força e clareza, a sálvia promovia sabedoria e afastava espíritos malignos, a arruda protegia contra inveja e energias densas, e a verbena era um canal de bênçãos e purificação. A criança era banhada com delicadeza nessa infusão morna, enquanto orações eram murmuradas para garantir que ela iniciasse sua jornada na vida livre de qualquer má influência.

Em seguida, o ambiente onde mãe e filho se encontravam era purificado através da defumação, um ritual ancestral que utilizava a fumaça de ervas sagradas para limpar e proteger o espaço. Ramos de sálvia, cedro e zimbro eram queimados lentamente, e a fumaça era guiada pelas mãos dos mais velhos ao redor do berço e das portas e janelas, formando um escudo invisível contra espíritos indesejados. O aroma profundo dessas ervas, além de afastar energias negativas, trazia uma sensação de tranquilidade e conexão com o mundo espiritual.

Outro aspecto fundamental da proteção do recém-nascido era o uso de amuletos, símbolos materiais de força e proteção. No berço ou na roupa da criança, pequenos objetos naturais eram colocados com a intenção de garantir segurança e sorte. Pedras protetoras, como a ametista ou o olho-de-tigre, podiam ser costuradas discretamente em uma pequena bolsa de linho. Conchas, coletadas à beira dos rios e oceanos, representavam a harmonia e a fluidez da vida. Galhos de árvores sagradas, como o azevinho e o teixo, eram dispostos próximos à criança para canalizar a energia dos ancestrais e da terra. Além disso, símbolos celtas como o triskle, que representava os ciclos da vida, e a triquetra, que evocava equilíbrio e conexão com as forças divinas, eram gravados em pequenas peças de madeira e colocados junto ao berço.

Um dos gestos mais simples, mas profundamente eficazes, era a amarração do fio vermelho no pulso ou tornozelo do bebê. Em muitas tradições celtas, o vermelho era a cor da proteção, capaz de desviar o mau-olhado e manter a criança a salvo de influências indesejadas. Esse fio era muitas vezes abençoado por um ancião ou por um druida, que murmurava palavras de força e saúde antes de amarrá-lo delicadamente na pele da criança.

As palavras, por sua vez, possuíam um poder imenso. Assim, orações e encantamentos eram recitados por familiares e membros da comunidade para envolver a criança em uma aura de bênçãos. Os pais invocavam a proteção dos deuses, pediam saúde e prosperidade e ofereciam seus votos de amor e compromisso. Cada membro presente também podia recitar desejos positivos para o bebê, reforçando a ligação entre a nova vida e sua comunidade.

Passada essa fase de proteção inicial, chegava o momento de integrar a criança ao mundo ao seu redor. A apresentação do bebê não era apenas um ato simbólico; era um passo essencial para que ele fosse reconhecido tanto pelos humanos quanto pelos elementos naturais. Em noites de lua cheia, algumas famílias levavam seus filhos para fora, levantando-os suavemente em direção ao céu para que a luz prateada banhasse sua pele. A lua, símbolo da intuição e dos ciclos da vida, era vista como uma guardiã da alma infantil, concedendo sua proteção e sabedoria.

Outras tradições realizavam a apresentação ao sol ao amanhecer, permitindo que os primeiros raios iluminassem a criança e preenchessem seu ser com energia vital. O sol, associado à força e à renovação, concedia a ela sua bênção, assegurando vigor e crescimento saudável.

Além dos astros, os quatro elementos também eram honrados nesse ritual. A criança podia ser suavemente tocada com uma pedra, representando a terra e sua estabilidade; uma pena, simbolizando o ar e a inteligência; uma vela acesa, evocando o fogo e sua energia transformadora; e gotas de água, garantindo fluidez e emoção equilibrada. Em alguns casos, o bebê era levado a um local onde todos esses elementos estivessem presentes: um bosque próximo a um rio, onde o vento soprava levemente e uma fogueira ardia, simbolizando a conexão com todas as forças que compunham a existência.

A apresentação à tribo era, por fim, um momento de festa e acolhimento. Os membros da comunidade se reuniam para receber o novo integrante com alegria, promessas de proteção e votos de felicidade. As mulheres mais velhas murmuravam conselhos e preces, os homens proferiam palavras de coragem e força, e as crianças mais velhas tocavam suavemente o bebê, estabelecendo laços desde cedo. Esse momento não apenas fortalecia o senso de pertencimento da criança, mas também reafirmava os laços entre os membros da tribo.

O ápice desse ciclo de rituais era o momento da nomeação, um evento de grande importância. O nome escolhido não era apenas um rótulo; era um elo entre a criança, seus ancestrais e seu destino. Em algumas famílias, o nome era dado logo após o nascimento, enquanto em outras se aguardava um período até que a criança demonstrasse traços de sua personalidade. Esse nome podia ser inspirado em diversas fontes: sua aparência, como "Ruadh" para uma criança de cabelos avermelhados; um ancestral querido, perpetuando a linhagem; uma divindade protetora, como Brigid para uma menina abençoada pela criatividade e cura; ou até mesmo um animal sagrado, como Cuán, "pequeno lobo", para um menino forte e ágil.

A cerimônia de nomeação reunia a comunidade em torno do bebê, em um ambiente carregado de espiritualidade. Druidas ou anciãos eram chamados para invocar a presença dos deuses e abençoar a criança. O nome era então proclamado em voz alta, permitindo que tanto os presentes quanto os espíritos ouvissem e reconhecessem a identidade daquele ser. Como oferenda, alimentos, bebidas e flores eram dispostos em um altar, simbolizando gratidão e boas-vindas. Os pais e padrinhos, se houvesse, tocavam a criança e sussurravam palavras de proteção e promessas para guiá-la em sua jornada.

O ritual de nomeação culminava em uma celebração vibrante, repleta de comida, música e dança. O nascimento e o nome de uma nova vida eram vistos como eventos dignos de alegria, e a festa servia para reforçar a união entre todos. Risos ecoavam, canções eram entoadas, e histórias de ancestrais eram relembradas, conectando o passado ao futuro.

Nos dias de hoje, esses rituais podem ser adaptados para refletir nossas crenças e estilos de vida. Ainda podemos realizar banhos purificadores, utilizar amuletos, recitar bênçãos e apresentar nossos filhos à natureza e à comunidade. A escolha do nome pode ser feita com intenção e significado, honrando nossas raízes e desejos para a criança. Podemos criar cerimônias personalizadas, convidando pessoas queridas para testemunhar esse momento especial, trocar votos e celebrar juntos. O essencial é que o ritual seja um reflexo do amor, da conexão e do desejo de um futuro próspero para a nova vida que acaba de chegar.

    O importante é criar um ritual que seja significativo para nós e para nossa família, que celebre a chegada da nova vida, que a conecte com suas raízes e que a abençoe com amor, proteção e sabedoria.

# Capítulo 18
## Iniciação
## O Despertar

Na cultura celta, a passagem da infância para a vida adulta não era um evento automático, marcado apenas pela idade cronológica. Era um processo gradual, que envolvia aprendizado, desafios, provas e, finalmente, um ritual de iniciação. Esse ritual simbolizava o reconhecimento da comunidade de que o jovem havia adquirido as habilidades, o conhecimento e a maturidade necessários para assumir suas responsabilidades como membro adulto da tribo.

A preparação para a iniciação começava muito antes do ritual em si, muitas vezes desde a infância, permeando cada momento da vida do jovem celta. Não se tratava apenas de um aprendizado técnico ou físico, mas de uma jornada completa de amadurecimento, onde cada ensinamento tinha seu tempo certo de ser assimilado. Desde cedo, meninos e meninas eram instruídos por seus pais, familiares e outros membros da tribo, absorvendo conhecimentos essenciais para a sobrevivência e o funcionamento harmonioso da comunidade.

Os meninos eram iniciados nas artes da caça e da pesca, aprendendo a rastrear animais, montar armadilhas e manejar armas como lanças e arcos. A habilidade no combate também era essencial, e por isso treinavam arduamente com espadas e escudos, desenvolvendo agilidade, força e estratégia. Além disso, tornavam-se aprendizes dos artesãos da tribo, trabalhando com metais para forjar armas e ferramentas, erguendo construções de madeira e pedra, e cuidando dos rebanhos que garantiam o sustento de todos. O respeito à natureza era um princípio fundamental; conhecer o ciclo das estações, interpretar os sinais da terra e entender as propriedades das plantas faziam parte do aprendizado diário. Mas não apenas a prática definia sua educação—eles também recebiam instrução sobre as leis e os costumes da tribo, mergulhando na história de seus ancestrais para que soubessem de onde vinham e para onde deveriam conduzir as futuras gerações. Os druidas desempenhavam um papel crucial nesse aspecto, guiando-os nos mistérios espirituais e no entendimento do universo.

As meninas, por sua vez, recebiam um ensino igualmente complexo e vital. Desde cedo, aprendiam a administrar o lar, garantindo que a família tivesse abrigo e sustento. Cozinhar não era apenas uma necessidade, mas um conhecimento sagrado que envolvia a alquimia dos ingredientes e o respeito pelo alimento. Fiavam e teciam, dominando técnicas que lhes permitiam produzir vestes resistentes e belas, muitas vezes adornadas com símbolos protetores. A arte da costura e do bordado também estava ligada à sua conexão com os ciclos da vida, assim como o cultivo da terra, onde aprendiam a identificar ervas medicinais e a usá-las para curar enfermidades. Seu aprendizado, porém, não se limitava ao espaço doméstico. Elas também conheciam a história, as leis e os costumes da tribo, e algumas, dependendo da tradição, recebiam ensinamentos das druidesas, sendo instruídas nas artes divinatórias, nos segredos da cura e na reverência às divindades. A sabedoria feminina era um pilar essencial da cultura celta, e honrar os ciclos da natureza e da própria existência fazia parte do caminho para a maturidade.

Mas o conhecimento, por si só, não era suficiente para determinar a prontidão para a vida adulta. Era preciso prová-lo na prática. Antes da iniciação, os jovens passavam por uma série de desafios e provas que colocavam à prova sua força, inteligência, coragem e caráter. Cada tribo possuía suas próprias tradições e testes específicos, mas algumas provas eram comuns entre os celtas.

As provas físicas exigiam resistência e habilidades de sobrevivência. Um jovem poderia ser desafiado a caçar um animal selvagem sozinho, não apenas para demonstrar destreza no manejo das armas, mas também para provar que era capaz de se sustentar. Outros desafios envolviam passar dias isolados na floresta, escalando montanhas, nadando em águas geladas ou suportando condições adversas sem qualquer ajuda. Era uma forma de garantir que, quando precisassem, estariam prontos para enfrentar as dificuldades da vida adulta.

A perícia em uma arte ou ofício também era fundamental, e assim vinham as provas de habilidade. Um aprendiz de ferreiro poderia ser desafiado a forjar uma lâmina resistente; um jovem poeta, a compor versos que captassem a essência de sua linhagem; um curandeiro, a identificar e preparar uma poção eficaz. A maestria em um ofício não apenas mostrava competência, mas também definia o papel que o indivíduo assumiria dentro da tribo.

Além disso, os desafios intelectuais eram igualmente importantes. Os jovens deveriam demonstrar conhecimento sobre a história da tribo, responder a perguntas sobre leis e costumes, identificar constelações e interpretar presságios. Era essencial que compreendessem não apenas o mundo físico, mas também o espiritual.

A coragem era um dos atributos mais valorizados entre os celtas, e, por isso, existiam provas específicas para testá-la. Alguns ritos exigiam que o jovem enfrentasse seus medos diretamente, como atravessar uma floresta densa à noite, caçar uma presa perigosa ou defender um membro da tribo em uma simulação de batalha. Em algumas tradições, eram submetidos a experiências de isolamento ou privação, onde precisavam demonstrar resiliência e força de espírito.

A jornada espiritual era, por fim, um dos momentos mais profundos da iniciação. Guiados por druidas ou druidesas, os jovens poderiam ser levados a estados alterados de consciência através de jejum, meditação ou uso de ervas sagradas. Alguns passavam por jornadas xamânicas em busca de uma visão que revelasse sua missão de vida. Outros precisavam demonstrar sua conexão com os deuses e ancestrais, compreendendo os mistérios da existência e aceitando o ciclo da vida e da morte.

Quando finalmente chegava o momento do ritual de iniciação, este era realizado com grande solenidade, marcando a transição do jovem para a vida adulta. O preparo para o ritual era essencial—durante dias, o jovem passava por purificações, tomava banhos rituais e se defumava com ervas sagradas. O jejum e a meditação faziam parte do processo, permitindo-lhe refletir sobre sua jornada e preparar-se para o novo caminho que se abria.

Em algumas tradições, o jovem passava um período isolado na natureza antes do ritual, simbolizando a morte de sua infância. Esse tempo sozinho ou acompanhado por um mentor servia para reforçar sua conexão com os espíritos e testar sua capacidade de sobreviver por conta própria. Quando retornava, vestia trajes especiais que representavam sua nova condição. Algumas tribos usavam roupas brancas, simbolizando um renascimento puro, enquanto outras incorporavam as cores e símbolos da linhagem a que pertenciam.

O momento mais importante do ritual era a apresentação do jovem à comunidade. Todos se reuniam para reconhecê-lo como um adulto, e ele fazia um juramento solene, comprometendo-se com sua tribo, com seus deuses e com os valores que guiariam sua vida. Em seguida, recebia símbolos de sua nova fase— os homens podiam ganhar uma arma, enquanto outros recebiam um amuleto de poder, um novo nome ou até uma tatuagem sagrada. Por fim, os druidas e os anciãos da tribo abençoavam o jovem, garantindo-lhe proteção e força para sua nova jornada.

A cerimônia se encerrava com uma grande celebração. O povo reunia-se para festejar, com fartura de comida, bebida, música e dança. Jogos e desafios também faziam parte da festividade, simbolizando a energia e a vitalidade do novo membro adulto da comunidade.

Mesmo que os tempos tenham mudado e não vivamos mais em tribos celtas, a essência desses rituais pode ser resgatada para marcar as transições da vida moderna. Criar nossos próprios rituais de passagem pode trazer um significado profundo para momentos importantes, como formaturas, casamentos, mudanças de carreira ou desafios superados. Podemos estabelecer um período de reflexão e preparação, enfrentar desafios que nos tirem da zona de conforto, escolher símbolos que representem nossa transformação e compartilhar esses momentos com mentores e pessoas queridas. O importante é que o ritual tenha um significado verdadeiro para nós, permitindo-nos honrar nossa jornada e abraçar a nova fase com consciência e coragem. Afinal, a iniciação é sempre um despertar para aquilo que verdadeiramente somos e para o papel que escolhemos desempenhar no mundo.

O importante é criar um ritual que seja significativo para nós, que nos ajude a marcar a transição, a celebrar nossas conquistas e a nos preparar para os desafios e as oportunidades da nova fase da vida. A iniciação, em qualquer época, é um momento de despertar, de reconhecimento de nosso próprio poder e de assunção de nossas responsabilidades como indivíduos e como membros da comunidade.

# Capítulo 19
## Uniões Sagradas

Na cultura celta, o casamento, ou União Sagrada, era muito mais do que um contrato legal ou uma simples formalidade social. Era um ritual profundo, carregado de simbolismo, que celebrava a união de duas almas, a conexão com a terra, a fertilidade e a continuidade da vida. Era um evento comunitário, que envolvia não apenas o casal, mas também suas famílias e toda a tribo.

Na cultura celta, a União Sagrada transcendia qualquer formalidade legal ou social, sendo um verdadeiro rito de passagem que simbolizava a conexão entre duas almas, o equilíbrio entre forças opostas e a continuidade da vida. Para os celtas, o casamento não era apenas um compromisso entre indivíduos, mas um elo entre famílias, clãs e até mesmo entre o mundo humano e o divino. Essa visão refletia a crença de que a harmonia na união conjugal reverberava em toda a comunidade, trazendo fertilidade à terra, prosperidade ao gado e abundância às colheitas.

Os celtas compreendiam a vida como um ciclo interligado, onde cada aspecto influenciava o outro. Assim, o matrimônio era mais do que um simples compromisso; era uma aliança sagrada, regida por valores como amor, respeito e confiança mútua. A conexão entre o casal deveria ser equilibrada e justa, sem submissão, mas com cooperação e apoio recíproco. A simbologia da união também refletia a fusão dos princípios masculino e feminino, do céu e da terra, do sol e da lua, formando uma unidade perfeita dentro da ordem natural.

Dentro desse contexto, os celtas possuíam diversas formas de casamento, cada uma adaptada às necessidades e circunstâncias da época. O casamento por contrato, chamado Lánamnas, era o mais comum e consistia em um acordo formalizado entre as famílias, determinando questões como dote, responsabilidades e possíveis condições para separação. Esse tipo de união garantia a estabilidade e a segurança tanto para os envolvidos quanto para a comunidade. Já o casamento experimental, conhecido como Teltown Marriage, permitia ao casal conviver por um ano e um dia antes de decidir se desejavam permanecer juntos. Essa prática valorizava o conhecimento mútuo e a compatibilidade, reduzindo a possibilidade de uniões infelizes. Havia também o casamento por rapto, uma tradição menos frequente, mas ainda presente em algumas regiões, onde o noivo "sequestrava" a noiva – com seu consentimento – e a levava para sua casa, consolidando a união de maneira simbólica e romântica. Em contrapartida, casamentos políticos eram arranjados para fortalecer alianças entre tribos e famílias influentes, garantindo estabilidade e poder.

A cerimônia do casamento celta era envolta em rituais profundamente enraizados na espiritualidade do povo. Antes da celebração, o casal passava por um período de preparação que incluía jejum, banhos rituais e meditação, além de receber conselhos dos anciãos. A escolha do local para o ritual também era significativa, podendo ocorrer em bosques sagrados, círculos de pedras, fontes ou colinas, lugares impregnados de energia mística.

No dia da cerimônia, as vestimentas desempenhavam um papel essencial. O casal vestia trajes em tons claros ou que representassem seus clãs, e a noiva frequentemente usava uma coroa de flores ou um véu, enquanto o noivo portava um broche ou bracelete. Como um evento comunitário, toda a tribo participava, testemunhando a união e compartilhando as bênçãos concedidas pelos deuses.

O ritual era conduzido por um druida ou uma druidesa, figuras espirituais de grande respeito, que invocavam os deuses para abençoar o casal. Em seguida, os noivos trocavam votos de amor e fidelidade, podendo optar por fórmulas tradicionais ou palavras personalizadas que refletissem seus sentimentos mais profundos. Um dos momentos mais marcantes era o handfasting, a amarração das mãos com uma fita ou cordão, simbolizando a ligação entre os dois. A cor do tecido possuía significados específicos: vermelho para paixão, verde para fertilidade, branco para pureza ou as cores dos clãs, reforçando os laços familiares.

Além disso, o casal trocava presentes simbólicos, que podiam variar entre joias, armas, ferramentas ou objetos significativos. Outra tradição envolvia a bênção do fogo e da água: pular sobre uma fogueira representava purificação, renovação e paixão, enquanto ser banhado com água sagrada simbolizava fertilidade e fluidez. Para encerrar a cerimônia, oferendas eram feitas aos deuses e ancestrais, e um grande banquete era realizado, repleto de música, dança e celebração, fortalecendo os laços entre os presentes. O bolo de casamento, muitas vezes adoçado com mel e frutas, fazia parte dos festejos, representando a doçura e a abundância da nova fase da vida.

Nos dias atuais, muitos casais se inspiram nos ritos celtas para criar cerimônias personalizadas e cheias de significado. Elementos como o handfasting, a troca de votos únicos, a invocação dos deuses – para aqueles que seguem essa crença – e a celebração ao ar livre resgatam a conexão ancestral com a natureza. A escolha do local pode refletir a essência do casal, seja um bosque, uma praia, uma montanha ou um jardim especial. As vestimentas e acessórios podem incorporar símbolos celtas e elementos naturais, reforçando a individualidade e a espiritualidade dos noivos.

Mais do que um simples contrato, a União Sagrada é um testemunho do amor e da conexão entre duas almas, honrando tradições ancestrais e perpetuando a essência de um vínculo profundo e duradouro, abençoado pela natureza e pelos deuses.

O importante é criar um ritual que celebre o amor, o compromisso e a união do casal, que honre suas raízes e suas crenças, e que seja um momento inesquecível para eles e para todos os presentes. A União Sagrada, mais do que um contrato, é a celebração de um vínculo profundo e duradouro, abençoado pela natureza e pelos deuses.

# Capítulo 20
# Ritos de Cura

Na cultura celta, a saúde era vista de forma holística, como um estado de equilíbrio entre o corpo, a mente, o espírito e o ambiente. A doença, por sua vez, era entendida como um desequilíbrio, uma ruptura dessa harmonia. Os ritos de cura celtas, portanto, buscavam restaurar esse equilíbrio, utilizando uma variedade de métodos que combinavam o conhecimento prático das propriedades medicinais das plantas, a conexão com as energias da natureza, a invocação dos deuses e a força da intenção e da visualização.

Os celtas compreendiam a saúde de maneira ampla, considerando-a como um estado de equilíbrio entre corpo, mente, espírito e ambiente. Dessa forma, a doença não era vista apenas como um problema físico, mas sim como uma ruptura dessa harmonia, podendo ter origens emocionais, mentais ou até mesmo espirituais. Quando alguém adoecia, os curandeiros celtas – fossem druidas, mulheres sábias ou outros conhecedores das artes curativas – buscavam não apenas aliviar os sintomas, mas também compreender a causa subjacente do problema.

Assim, um simples mal-estar poderia ter diversas origens. Uma dor de cabeça persistente, por exemplo, poderia ser causada por uma tensão muscular, relacionada a uma má postura ou esforço excessivo, mas também poderia ser um reflexo de preocupações, angústias e estresse emocional. Além disso, em uma visão espiritual, poderia estar associada a bloqueios energéticos ou a um afastamento da natureza e das forças vitais que regiam a existência. Os curandeiros, portanto, analisavam todos os aspectos da vida do paciente: sua alimentação, seus hábitos cotidianos, a qualidade de seus relacionamentos, suas emoções reprimidas e até mesmo sua conexão com o mundo invisível, buscando restaurar o equilíbrio e a harmonia perdidos.

Os métodos de cura utilizados eram diversos e, muitas vezes, combinados para atender às necessidades específicas de cada caso. Entre eles, a herbologia ocupava um papel central. Os celtas possuíam um vasto conhecimento sobre as propriedades das plantas medicinais, utilizando raízes, flores, cascas e folhas para preparar chás, infusões, tinturas, unguentos e banhos curativos. Cada erva era associada não apenas a propriedades terapêuticas específicas, mas também a divindades e energias que reforçavam seu efeito. A sálvia, por exemplo, era usada para purificação e proteção, enquanto o alecrim auxiliava a memória e a clareza mental. A lavanda era apreciada por seu efeito relaxante e calmante, a camomila ajudava na digestão e reduzia inflamações, a calêndula acelerava a cicatrização de feridas e a hortelã era amplamente utilizada para problemas digestivos e para revigorar o corpo e a mente.

A hidroterapia também era uma prática comum. A água, considerada sagrada, era usada tanto para purificação quanto para tratamento de doenças. Fontes termais, rios e lagos eram escolhidos conforme suas propriedades, e acreditava-se que certos locais possuíam águas curativas, associadas a divindades benéficas. Banhos rituais, compressas e imersões eram empregados para aliviar dores, remover impurezas energéticas e restaurar a vitalidade do corpo.

Outro elemento fundamental era a cromoterapia, que utilizava as cores para equilibrar os centros de energia do corpo. O verde era associado à cura e à regeneração, o azul à tranquilidade e ao fortalecimento da comunicação, e o amarelo ao estímulo da criatividade e da alegria. A cristaloterapia também desempenhava um papel importante, pois os cristais eram vistos como condutores de energias específicas. O quartzo transparente, por exemplo, era utilizado para purificação e amplificação energética, a ametista para proteção espiritual, e o quartzo rosa para questões relacionadas ao amor e à cura emocional.

O toque terapêutico era outro recurso empregado pelos curandeiros. Com as mãos, eles canalizavam energias curativas, aliviando dores, relaxando músculos e promovendo o bem-estar geral. Essas práticas podiam ser comparadas a formas modernas de cura energética, como o reiki, ou mesmo a massagens terapêuticas que auxiliavam a circulação e o fluxo energético do corpo.

Apesar de menos comum, havia também registros de práticas cirúrgicas entre os celtas. Um dos procedimentos mais intrigantes era a trepanação – a perfuração do crânio –, que pode ter sido utilizada para aliviar dores de cabeça extremas, tratar convulsões ou até liberar energias consideradas negativas. Embora rudimentar para os padrões atuais, essa técnica demonstra um conhecimento anatômico surpreendente para a época.

Além das práticas físicas, a cura celta também envolvia magia e encantamentos. Os curandeiros recitavam orações, usavam símbolos sagrados como o Ogham e realizavam rituais para invocar a ajuda dos deuses, dos ancestrais e das forças naturais. Cada palavra proferida carregava uma intenção, e acreditava-se que a vibração gerada pelos encantamentos possuía o poder de transformar a realidade.

Outro aspecto essencial era o aconselhamento e o apoio emocional. Muitas vezes, os problemas físicos eram manifestações de conflitos internos não resolvidos. Assim, os curandeiros ouviam seus pacientes com atenção, oferecendo orientação para que compreendessem suas dores e encontrassem caminhos para a cura interior.

O sono e os sonhos também eram valorizados nesse processo. Acreditava-se que, durante o repouso, a alma poderia viajar para outros reinos, receber mensagens dos deuses e encontrar respostas para desafios da vida. Sonhos eram interpretados como sinais e, em alguns casos, usados como ferramentas diagnósticas pelos curandeiros.

A música e a dança, por sua vez, eram incorporadas aos rituais de cura para elevar a energia e facilitar estados de consciência ampliados. Tambores, flautas e harpas eram usados para criar ritmos que favoreciam a conexão com o divino e promoviam a liberação emocional.

    Quando um ritual de cura era realizado, ele seguia uma estrutura específica. Primeiro, havia a preparação do curandeiro e do paciente, que envolvia banhos purificadores, defumação com ervas e, em alguns casos, jejum. Em seguida, o espaço sagrado era delimitado e purificado, geralmente em bosques, fontes ou círculos de pedras. A invocação das forças espirituais ocorria por meio de orações, cânticos e o uso de instrumentos. O diagnóstico da enfermidade era feito com observação atenta, leitura da aura e, em alguns casos, adivinhação com Ogham ou runas. O tratamento incluía o uso de ervas, cristais, hidroterapia, toques curativos, encantamentos ou até cirurgias, dependendo do caso. Após a aplicação da cura, oferendas eram deixadas em agradecimento às forças espirituais que haviam auxiliado no processo. O paciente também recebia orientações sobre mudanças em sua vida, e um acompanhamento posterior era feito para garantir que a cura fosse consolidada.

    Nos dias atuais, embora não possamos replicar esses ritos exatamente como eram praticados pelos celtas, podemos nos inspirar nessa sabedoria ancestral para adotar hábitos mais saudáveis e integrativos. O uso consciente de ervas medicinais, a conexão com a natureza, práticas de relaxamento e meditação, uma alimentação equilibrada, o cuidado com as emoções e o desenvolvimento espiritual são formas de aplicar esse conhecimento de maneira adaptada à realidade moderna.

Terapias complementares, como a aromaterapia, a cristaloterapia e o reiki, também podem ser exploradas, sempre com a orientação de profissionais qualificados.

O mais importante é compreender que a cura é um processo holístico e profundo, que envolve não apenas o corpo, mas também a mente e o espírito. Ao buscar equilíbrio e reconexão com a natureza e com o divino, podemos restaurar nossa saúde de forma mais completa e significativa.

É importante lembrar que os antigos ritos de cura celtas eram realizados por pessoas com profundo conhecimento e experiência, e que não devemos tentar replicá-los sem a devida orientação e preparo. No entanto, podemos nos inspirar em sua sabedoria ancestral para buscar uma vida mais equilibrada, saudável e conectada com a natureza e com o divino. A cura, em última análise, é um processo de autodescoberta, de transformação e de integração de todos os aspectos do nosso ser.

# Capítulo 21
## Adivinhação Celta

A adivinhação era uma prática importante na cultura celta, utilizada para obter orientação, prever o futuro, tomar decisões, entender os sinais da natureza e se conectar com o mundo espiritual. Os celtas acreditavam que o véu entre os mundos era tênue e que era possível acessar informações e sabedoria do Outro Mundo através de diferentes métodos.

A visão celta da adivinhação ia além de uma simples previsão do futuro; tratava-se de um meio de enxergar possibilidades, compreender tendências e captar influências que poderiam moldar os acontecimentos. Os celtas não viam o destino como algo imutável, mas sim como um fluxo em constante transformação, sujeito às escolhas e ações individuais. Dessa forma, a adivinhação era encarada não como um oráculo infalível, mas como um guia, uma forma de acessar a sabedoria ancestral e espiritual para tomar decisões mais alinhadas com o próprio caminho de vida.

Para eles, essa prática funcionava como uma ponte entre os mundos, permitindo comunicação não apenas com os deuses, mas também com os ancestrais, os espíritos da natureza e até mesmo com o próprio inconsciente. Por meio dela, era possível obter conselhos, insights e direções para viver de forma mais conectada ao destino pessoal. Assim, a adivinhação celta não era apenas uma arte mística, mas uma ferramenta para a vida cotidiana, empregada com respeito e sabedoria.

Os métodos de adivinhação celta eram diversos, variando de acordo com a necessidade do momento e a preferência do praticante. Um dos sistemas mais respeitados e amplamente utilizados era o Ogham, o alfabeto sagrado das árvores. Cada uma de suas letras estava associada a uma árvore específica, carregando simbolismos profundos e propriedades mágicas. Existiam diversas maneiras de se utilizar o Ogham para a adivinhação. No método do lançamento de varetas, pedaços de madeira com as letras entalhadas eram lançados sobre uma superfície, e a posição em que caíam determinava sua interpretação. Outra abordagem era a escolha de varetas, onde um conjunto delas era colocado dentro de um saco e, sem olhar, o consulente retirava uma ou mais, interpretando as letras sorteadas conforme seu significado. Além disso, algumas versões do Ogham eram adaptadas para um formato semelhante ao das cartas de Tarô, permitindo que os símbolos fossem desenhados em cartões e utilizados para leituras oraculares.

Outro meio essencial de obtenção de mensagens do Outro Mundo era a observação dos sinais da natureza. Os celtas eram mestres na arte de interpretar os movimentos do ambiente ao seu redor, acreditando que a natureza estava constantemente se comunicando com aqueles que soubessem escutar. O voo dos pássaros era um dos sinais mais analisados: a direção para onde voavam, sua altura no céu, a espécie do pássaro e até mesmo o comportamento do animal eram considerados presságios significativos. Da mesma forma, o comportamento de outros animais podia indicar respostas para questões importantes. Encontros inesperados com determinadas criaturas, seus movimentos ou até os sons que emitiam eram vistos como mensagens dos espíritos. As nuvens também eram cuidadosamente observadas, pois seus formatos poderiam revelar símbolos e figuras com significados ocultos. Os elementos naturais, como o som do vento e da água, traziam consigo murmúrios do Outro Mundo, servindo como guias para aqueles que soubessem escutá-los com o coração aberto. Fenômenos naturais extraordinários, como eclipses, cometas e tempestades, eram interpretados como sinais divinos, anunciando mudanças, desafios ou bênçãos que estavam por vir.

Os sonhos possuíam um papel central na adivinhação celta, sendo considerados janelas para outros reinos. Acreditava-se que, enquanto dormia, a alma podia viajar para lugares além da realidade física, encontrando-se com deuses, ancestrais ou espíritos que lhe transmitiam mensagens valiosas. Por esse motivo, a interpretação dos sonhos era uma prática reverenciada, e aqueles que possuíam habilidade para decifrá-los eram procurados para orientar comunidades inteiras. Os druidas, em especial, eram especialistas nessa arte, ajudando indivíduos a compreenderem visões noturnas e a extraírem sabedoria para suas vidas.

A vidência, ou scrying, era outra técnica comum entre os celtas. Ela consistia em olhar fixamente para uma superfície reflexiva – como a água de uma tigela, um espelho de obsidiana, um cristal ou até mesmo a chama de uma vela – a fim de obter imagens e revelações intuitivas. O praticante se concentrava profundamente, permitindo que sua mente transcendesse o plano físico e acessasse informações ocultas. Esse método exigia um alto grau de sensibilidade e treino, sendo geralmente praticado por druidas e videntes experientes.

A intuição, por sua vez, era vista como um dom precioso e cultivado com dedicação. Para os celtas, a capacidade de sentir e compreender as energias sutis ao redor era um componente fundamental da adivinhação. Desenvolver a intuição exigia práticas diárias, como a meditação, a contemplação da natureza, o jejum e até mesmo rituais de contato com os reinos espirituais. O adivinho treinava seu espírito para captar mensagens que nem sempre eram visíveis aos olhos comuns, tornando-se um canal entre o mundo humano e as forças do além.

Além desses métodos, havia também práticas menos comuns, mas igualmente poderosas. Algumas tradições mencionavam a leitura das entranhas de animais sacrificados – um costume mais frequente entre os romanos, mas que também podia ser encontrado em certos contextos celtas. Outra técnica envolvia observar as chamas de uma fogueira e interpretar seus movimentos, cores e estalos. Por fim, havia aqueles que liam padrões formados aleatoriamente, como o lançamento de pedras ou ossos, buscando significados ocultos na disposição dos elementos.

O adivinho celta era uma figura de extrema importância dentro da sociedade. Ele não era apenas um profeta do futuro, mas um conselheiro, um guia espiritual e, muitas vezes, um curandeiro. Sua função era ajudar as pessoas a compreenderem seus dilemas, tomarem decisões cruciais e se reconectarem com seus ancestrais. Muitos desses adivinhos eram druidas, bardos ou mulheres sábias, detentores de conhecimento profundo sobre os mistérios do universo. Eles desempenhavam um papel fundamental na manutenção do equilíbrio entre os mundos, garantindo que os sinais fossem compreendidos e respeitados.

Nos tempos modernos, ainda podemos nos inspirar nos métodos ancestrais da adivinhação celta para fortalecer nossa intuição e conexão espiritual. O estudo do Ogham continua sendo uma prática poderosa, permitindo que suas mensagens orientem aqueles que buscam sabedoria. A observação dos sinais da natureza pode ser incorporada ao nosso dia a dia, desde perceber o voo de um pássaro até notar padrões no vento ou na água. Prestar atenção aos sonhos e buscar interpretá-los nos ajuda a acessar mensagens do subconsciente e de planos mais sutis. A vidência, utilizando espelhos negros ou tigelas de água, pode ser uma excelente ferramenta para aqueles que desejam desenvolver sua percepção intuitiva.

Além disso, podemos adaptar essas práticas à modernidade, utilizando ferramentas como o Tarô, as runas ou outros oráculos. No entanto, é essencial manter uma abordagem respeitosa e consciente, lembrando que a adivinhação não é um mero passatempo, mas uma jornada de autoconhecimento e crescimento. Mais do que buscar respostas prontas, devemos utilizá-la como um instrumento para compreender melhor nosso caminho, tomar decisões mais sábias e viver com mais significado e propósito.

Por fim, é fundamental lembrar que a adivinhação não deve ser encarada como uma verdade absoluta. As interpretações podem variar, e é necessário discernimento para aplicá-las em nossa vida. Devemos sempre confiar em nossa própria intuição e livre-arbítrio, utilizando a adivinhação como um apoio, mas jamais como um substituto para nossa capacidade de pensar, sentir e agir. Se usada com responsabilidade e sabedoria, essa arte ancestral pode ser uma aliada poderosa na busca por autoconhecimento e conexão com os mistérios do universo.

É importante lembrar que a adivinhação não é uma ciência exata e que as interpretações podem variar. Devemos usar a adivinhação com responsabilidade, discernimento e bom senso, sempre confiando em nossa própria intuição e em nosso livre arbítrio. A adivinhação pode ser uma ferramenta poderosa para o autoconhecimento e para a tomada de decisões, mas não deve substituir a nossa própria capacidade de pensar, sentir e agir.

## Capítulo 22
## Transição e Morte

Na cultura celta, a morte não era vista como um fim, mas como uma transição, uma passagem para o Outro Mundo, um reino de eterna juventude, beleza e abundância. Os celtas acreditavam na imortalidade da alma e na reencarnação, e por isso, a morte era encarada com uma mistura de tristeza pela perda do ente querido, mas também de esperança e celebração pela sua jornada para um novo ciclo.

Os celtas possuíam uma visão singular sobre a morte, encarando-a não como um fim definitivo, mas como uma passagem para uma nova fase da existência. Para eles, a alma era imortal e continuava sua jornada no Outro Mundo, um reino repleto de magia, juventude eterna e plenitude. O conceito de reencarnação estava profundamente enraizado em suas crenças, sendo visto não como um ciclo de sofrimento, mas como uma oportunidade contínua de aprendizado e evolução. O Outro Mundo, conhecido por diversos nomes, como Annwn ou Sidhe, era descrito como um lugar encantado, onde os deuses, ancestrais e seres feéricos habitavam. Esse domínio sobrenatural podia ser acessado em locais sagrados, como colinas, cavernas, lagos ou bosques. Assim, a morte era interpretada como uma transição e não um fim abrupto, representando uma transformação necessária dentro do grande ciclo da existência.

O respeito e a conexão com os ancestrais eram elementos fundamentais para os celtas. Eles acreditavam que os mortos não apenas permaneciam espiritualmente presentes, mas também exerciam influência sobre os vivos, oferecendo proteção e sabedoria. A comunicação com aqueles que partiram era possível por meio de rituais, sonhos e práticas divinatórias. Além disso, a morte estava inserida na Roda da Vida, um conceito que representava o fluxo natural da existência, no qual o nascimento, o crescimento e a morte se sucediam continuamente, garantindo equilíbrio e renovação.

Os rituais funerários celtas eram ricos em simbolismo e variavam de acordo com a época, a região e o status social do falecido. O primeiro passo era a preparação do corpo, que incluía sua limpeza e a vestimenta com trajes especiais, como um sudário branco. Muitas vezes, o corpo era adornado com joias, amuletos e símbolos pintados na pele, representando proteção e passagem segura para o Outro Mundo. Em seguida, ocorria o velório, um momento de grande importância, onde familiares e amigos se reuniam para prestar homenagens. Esse período poderia durar desde algumas horas até semanas, durante as quais eram realizadas cerimônias que incluíam cânticos, relatos de feitos do falecido e oferendas simbólicas.

O destino final do corpo poderia seguir dois caminhos principais: a cremação ou o enterro. Na Idade do Bronze e no início da Idade do Ferro, a cremação era a prática predominante. O corpo era colocado em uma pira funerária e queimado junto com pertences pessoais e oferendas, um ato simbólico que facilitava sua jornada ao Outro Mundo. As cinzas eram então armazenadas em urnas e sepultadas em locais sagrados. Com o passar do tempo, o enterro tornou-se mais comum, e o corpo era sepultado em covas simples, túmulos de pedra ou câmaras mortuárias elaboradas. Junto ao falecido, eram depositados objetos significativos, como armas, ferramentas, alimentos e até animais, acreditando-se que esses itens o acompanhariam em sua nova jornada.

O luto não era apenas um período de dor, mas também um momento de celebração da vida. O banquete funerário, realizado após o sepultamento, reunia a comunidade para compartilhar comida, bebida, música e dança, reforçando laços e garantindo que a memória do falecido permanecesse viva. Esse evento simbolizava a aceitação da morte como parte do ciclo natural. Além disso, práticas de luto envolviam restrições alimentares, uso de roupas escuras e a realização de rituais diários de lembrança.

A reverência aos ancestrais não se limitava aos funerais. Festivais como o Samhain, celebrado em 31 de outubro, marcavam momentos em que o véu entre os mundos se tornava mais tênue, permitindo a comunicação entre vivos e mortos. Nesse período, era comum deixar oferendas para os espíritos e acender velas em honra aos que partiram, reafirmando a crença celta de que a morte era apenas uma nova fase da jornada.

Nos dias atuais, é possível adaptar os ensinamentos celtas para criar cerimônias de despedida mais significativas e personalizadas. Elementos como a realização de um velório em casa ou em um local especial ajudam a tornar a despedida mais íntima e conectada com as tradições ancestrais. Além disso, formas ecológicas de sepultamento, como enterros naturais sem caixão ou cremações com o plantio de árvores, resgatam a visão celta de harmonia com a natureza.

Rituais personalizados podem ser incorporados para marcar a passagem do ente querido, incluindo a leitura de poemas, músicas, danças e até a queima de incensos. A cerimônia pode ocorrer ao ar livre, em bosques, praias ou montanhas, reforçando a conexão com a terra e com o ciclo da vida. Elementos que homenageiam os ancestrais, como a exposição de fotos e objetos pessoais, também ajudam a fortalecer o vínculo com aqueles que vieram antes de nós.

O luto, em sua expressão mais genuína, deve ser respeitado e permitido sem julgamentos. Criar espaços onde a dor possa ser compartilhada e compreendida é essencial para a cura emocional. Assim como os celtas celebravam a vida em seus rituais funerários, podemos resgatar essa visão e transformar a despedida em um momento de honra e gratidão pela existência do falecido. O apoio mútuo entre familiares e amigos se torna fundamental nesse processo, ajudando a suavizar a dor da perda e a reafirmar a continuidade da vida.

Mais do que um adeus, a morte pode ser vista como um momento de transformação e conexão com o sagrado. Criar rituais que ressoem com nossa história e crenças nos permite honrar aqueles que partiram e, ao mesmo tempo, fortalecer nossa própria jornada.

O importante é criar um ritual que seja significativo para nós e para nossa família, que honre a memória do falecido, que celebre sua vida e que nos ajude a lidar com a dor da perda e a seguir em frente. A morte, como parte natural da vida, pode ser um momento de profunda reflexão, de transformação e de conexão com o sagrado.

# Capítulo 23
# O Despertar da Alma Celta

A espiritualidade celta, com sua profunda conexão com a natureza, sua reverência aos ancestrais, sua celebração dos ciclos da vida e sua crença na magia e no Outro Mundo, oferece um caminho rico e inspirador para o despertar da alma. Mais do que um conjunto de rituais e práticas, a espiritualidade celta é um modo de vida, uma forma de ver e de interagir com o mundo que pode nos ajudar a encontrar um sentido mais profundo para nossa existência e a viver de forma mais autêntica, plena e conectada.

Despertar a alma celta não se trata de uma questão de ascendência ou de local de nascimento, mas de um chamado interno que ressoa profundamente naqueles que sentem a necessidade de se reconectar com a sabedoria ancestral, com a natureza e com a magia presente em todas as coisas. Esse despertar manifesta-se de diversas formas e pode envolver uma jornada pessoal de autoconhecimento e espiritualidade.

Primeiramente, há a reconexão com a natureza, um dos pilares fundamentais da espiritualidade celta. Isso implica não apenas apreciar a beleza do mundo natural, mas reconhecer a sacralidade da terra, das plantas, dos animais e dos elementos. A relação com a natureza se dá através da observação atenta, do respeito aos ciclos naturais e da busca por uma convivência harmoniosa com os seres vivos. Práticas como caminhadas meditativas em florestas, banhos de rio ou mar com intenções purificadoras e até mesmo o cultivo de plantas medicinais podem ser formas de estreitar esse laço. Além disso, entender os ciclos das estações e vivenciar cada uma delas com consciência é uma forma de se alinhar com as energias da terra.

Honrar os ancestrais é outro aspecto essencial desse despertar. Para os celtas, os antepassados continuavam a exercer influência no mundo dos vivos, oferecendo proteção e orientação. Criar um altar dedicado à ancestralidade, acender velas em sua memória ou simplesmente relembrar suas histórias e ensinamentos são formas de prestar essa homenagem. Pode-se estabelecer um momento do dia ou do mês para refletir sobre suas vidas, agradecer suas contribuições e pedir sua sabedoria para os desafios do presente.

Celebrar os ciclos da vida também faz parte dessa jornada. Os celtas viam o tempo de maneira cíclica, e suas celebrações eram marcadas pelas mudanças das estações, como os festivais da Roda do Ano. Esses momentos não eram apenas rituais externos, mas oportunidades de introspecção e renovação. Participar dessas celebrações, seja em grupos ou de maneira individual, pode fortalecer o senso de pertencimento e conexão espiritual. Rituais simples, como acender uma vela no Samhain para honrar os mortos ou plantar sementes no Beltane para simbolizar novos começos, trazem essa espiritualidade para o cotidiano.

O despertar da intuição também é um ponto central. Para os celtas, o mundo era permeado por sinais e presságios, e desenvolver a capacidade de interpretá-los era uma habilidade valiosa. Exercícios como a prática do silêncio, a escuta atenta da natureza, a observação dos sonhos e a meditação com símbolos celtas ajudam a aprimorar essa sensibilidade. O Ogham, o alfabeto das árvores, pode ser utilizado como uma ferramenta para acessar mensagens simbólicas e insights, proporcionando uma conexão mais profunda com a linguagem da natureza.

A criatividade, por sua vez, era considerada uma manifestação do divino. Os bardos celtas canalizavam sua inspiração por meio da poesia, da música e da arte, acreditando que essa expressão era um elo entre o humano e o sagrado. Cultivar a criatividade pode significar tocar um instrumento, escrever, pintar, dançar ou praticar qualquer outra atividade que permita a livre manifestação do espírito. O importante é que essa expressão venha de um lugar autêntico, permitindo que a alma fale através da arte.

Buscar o equilíbrio entre opostos é outro ensinamento celta valioso. O equilíbrio entre corpo, mente e espírito, entre luz e sombra, entre ação e introspecção é essencial para uma vida harmoniosa. Isso pode ser alcançado por meio de práticas como a meditação, a alimentação consciente e rituais de purificação que ajudam a alinhar as energias. No caminho celta, o equilíbrio também se reflete no respeito pela dualidade da existência, aceitando tanto os momentos de crescimento quanto os períodos de recolhimento como partes igualmente valiosas da jornada.

Viver com propósito é um dos desdobramentos naturais desse despertar. Os celtas acreditavam que cada ser possuía um papel único no grande ciclo da vida e que reconhecer e seguir esse chamado trazia realização e plenitude. Descobrir qual é a missão pessoal pode exigir reflexões profundas, tentativas e ajustes ao longo do caminho, mas a busca por autenticidade é sempre recompensadora. Seguir o coração, agir conforme os próprios valores e contribuir de maneira significativa para o mundo são formas de honrar esse princípio.

A conexão com o divino se dá de maneira individualizada e pessoal. Algumas pessoas encontram essa ligação por meio da veneração dos deuses e deusas celtas, outras sentem essa presença através da natureza, dos elementos ou de seus guias espirituais. O importante é que essa relação seja genuína e venha do coração. Criar rituais próprios, oferecer preces, meditar ou simplesmente passar tempo em lugares sagrados são formas de cultivar essa conexão.

Viver com autenticidade talvez seja um dos desafios mais profundos e, ao mesmo tempo, uma das maiores dádivas desse caminho. Ser fiel a si mesmo em um mundo que frequentemente impõe normas e expectativas pode ser difícil, mas é também libertador. Honrar a própria verdade, respeitar os próprios ritmos e não se moldar a padrões que não ressoam com a alma são formas de praticar essa autenticidade.

Por fim, a ética celta orienta o modo de viver e interagir com o mundo. Princípios como coragem, generosidade, respeito e honra são valores fundamentais que devem ser incorporados ao cotidiano. Ser leal à palavra dada, agir com integridade e cultivar a hospitalidade são formas práticas de aplicar essa ética.

Os ensinamentos celtas oferecem um caminho vasto e enriquecedor para quem busca esse despertar. A Roda do Ano, por exemplo, permite uma conexão profunda com os ritmos da natureza, proporcionando momentos de reflexão e renovação ao longo do ano. O estudo dos símbolos celtas, como o triskle e a triquetra, auxilia na compreensão de conceitos espirituais profundos. A prática de rituais fortalece a conexão com o divino e permite a manifestação de intenções. A magia natural, com o uso de ervas, cristais e os elementos, amplia a percepção da energia sutil ao nosso redor.

Outro aspecto valioso dessa jornada é a mitologia celta. Suas histórias repletas de deuses, heróis e seres mágicos carregam lições atemporais que podem inspirar e orientar. O estudo da tradição druídica, com seu foco na sabedoria, na cura e no serviço à comunidade, oferece um modelo de crescimento espiritual estruturado. A senda do bardo, do ovate e do druida representa os estágios dessa busca pelo conhecimento e pelo aperfeiçoamento pessoal.

Entretanto, esse despertar não é isento de desafios. Pode exigir o enfrentamento de crenças limitantes, a superação de medos e a disposição para sair da zona de conforto. Integrar esses ensinamentos em um mundo moderno muitas vezes voltado para o materialismo pode ser uma tarefa árdua. No entanto, as recompensas são imensuráveis: maior conexão com a natureza, crescimento pessoal, intuição aguçada, criatividade florescente, equilíbrio emocional, bem-estar e uma profunda sensação de pertencimento e propósito.

O despertar da alma celta é um convite para viver de maneira mais consciente, conectada e autêntica. Não se trata de uma meta a ser atingida, mas de um caminho contínuo de aprendizado e transformação. É a redescoberta de uma sabedoria antiga que ainda pulsa no coração daqueles que sentem o chamado da terra, dos ancestrais e da magia que permeia tudo ao redor.

O despertar da alma celta é uma jornada contínua, um caminho de aprendizado, crescimento e transformação. É um convite para vivermos de forma mais consciente, conectada e plena, honrando a sabedoria ancestral e a magia que existe em nós e ao nosso redor.

# Capítulo 24
## Rituais de Gratidão

A gratidão é uma das virtudes mais importantes na espiritualidade celta, uma chave para a felicidade, a abundância e a conexão com o divino. Os celtas, com sua profunda ligação com a natureza e com os ciclos da vida, compreendiam o poder da gratidão e a expressavam em seus rituais, em suas orações, em suas canções e em seu dia a dia.

Os celtas compreendiam a gratidão não apenas como um sentimento passageiro, mas como um princípio fundamental da existência, uma prática cotidiana capaz de transformar a vida em um fluxo harmonioso de reciprocidade e bênçãos. Para eles, agradecer era um ato de alinhamento com as forças da natureza, um reconhecimento de que tudo o que se recebe deve ser honrado para que o ciclo da abundância continue. A gratidão era vista como uma energia que abria portas para a prosperidade, fortalecia a conexão com o divino, ajudava na superação dos desafios, promovia bem-estar e sustentava a base da reciprocidade.

A prática da gratidão era incorporada de diversas formas à espiritualidade celta, desde simples gestos no cotidiano até rituais elaborados que celebravam a dádiva da vida. Um dos rituais mais simples e poderosos era a Oração Matinal de Agradecimento. Ao despertar, antes mesmo de se levantar da cama, era costume reservar alguns minutos para agradecer pela vida, pela saúde, pelo novo dia que se iniciava, pelas pessoas queridas e por todas as bênçãos recebidas. A gratidão poderia ser expressa por meio de uma oração espontânea, palavras murmuradas em pensamento ou recitadas em voz alta, ou até mesmo através de preces tradicionais. Um exemplo de oração celta usada nesses momentos era:

*"Grande Espírito, agradeço por este novo dia,*
*Pela luz do sol que me aquece,*
*Pelo ar que respiro,*
*Pela terra que me sustenta,*
*Pela água que me purifica,*
*Pelo fogo que me transforma,*
*Pela vida que pulsa em mim.*
*Que eu possa honrar seus dons com sabedoria e amor."*

Além da oração, os celtas tinham o hábito de oferecer presentes à natureza como forma de reconhecimento por sua generosidade. Esse ritual de Oferendas à Natureza consistia em deixar oferendas simbólicas em locais sagrados, como bosques, rios, montanhas ou pedras ancestrais. Flores, frutas, grãos, sementes, mel e leite eram algumas das oferendas mais comuns, sempre entregues com respeito e intenção sincera. Antes de fazer a oferenda, era essencial pedir permissão à natureza e expressar gratidão pelo que já havia sido concedido. O gesto reforçava a ideia de que tudo na vida é uma troca e que receber exige também retribuir.

Outro costume importante era a criação de um Altar de Gratidão. Esse espaço sagrado, montado dentro de casa, servia como um lembrete diário das bênçãos recebidas e da necessidade de reconhecimento. O altar podia conter fotos de entes queridos, símbolos de conquistas, lembranças de momentos felizes, elementos da natureza, cristais, velas e incensos. Passar alguns minutos diários diante desse altar, meditando sobre as dádivas da vida e expressando agradecimento, ajudava a fortalecer a energia da gratidão e a manter a consciência do que realmente importa.

Registrar os motivos de gratidão era uma prática valiosa para os celtas, e um Diário de Gratidão cumpria essa função. A ideia era simples: escrever diariamente sobre as pequenas e grandes bênçãos do dia, desde um sorriso recebido até uma conquista significativa. Esse hábito permitia que a mente fosse treinada para perceber e valorizar as dádivas diárias, cultivando uma atitude mais positiva e reconhecendo a abundância em todas as áreas da vida.

Expressar gratidão em comunidade também era algo comum. O Círculo de Gratidão era um ritual onde amigos, familiares ou membros da tribo se reuniam para compartilhar motivos de agradecimento. Cada pessoa falava sobre algo pelo qual era grata, criando uma atmosfera de celebração e reconhecimento mútuo. Canções, orações coletivas e histórias eram compartilhadas, fortalecendo os laços entre os participantes e reforçando a energia da gratidão como uma força coletiva.

Os celtas também mantinham viva a prática do Agradecimento aos Ancestrais. Eles reconheciam que tudo o que tinham—seu conhecimento, sua cultura, suas raízes—vinha daqueles que vieram antes. Honrar os ancestrais era uma forma de agradecer por esse legado. Para isso, criavam altares com fotos ou símbolos dos antepassados, acendiam velas, faziam oferendas e até visitavam locais de descanso de seus familiares para meditar e se conectar com suas energias. Essa reverência ajudava a fortalecer o sentimento de pertencimento e continuidade.

Nos festivais sagrados, a gratidão era um tema central. Durante os Rituais de Gratidão nos Festivais Celtas, cada celebração do calendário ancestral incluía momentos específicos para agradecer. No festival de Samhain, os celtas expressavam sua gratidão aos ancestrais. Em Yule, agradeciam pelo retorno da luz. No Imbolc, honravam a purificação e a inspiração recebida. Ostara marcava a gratidão pelo renascimento da vida, enquanto Beltane era um momento para agradecer pelo amor e pela fertilidade. Litha celebrava a força do sol e a abundância, Lughnasadh a colheita e Mabon o equilíbrio da vida. Cada uma dessas datas sagradas era uma oportunidade de reconhecer e celebrar as bênçãos do ciclo natural.

Mas a gratidão não era expressa apenas em rituais formais—ela precisava ser vivida. A prática da Gratidão em Ação envolvia transformar a gratidão em gestos concretos, sendo gentil e generoso com as pessoas ao redor, ajudando quem precisava, cuidando do meio ambiente e utilizando talentos e habilidades para melhorar o mundo. Pequenos atos de bondade, respeito e generosidade eram vistos como formas de retribuir ao universo tudo o que era recebido.

Para aprofundar essa vivência, muitos celtas praticavam a Meditação da Gratidão. Esse exercício simples consistia em reservar alguns minutos do dia para entrar em um estado de relaxamento, fechar os olhos e trazer à mente tudo pelo que se era grato. Visualizar as pessoas, situações e acontecimentos que traziam felicidade ajudava a reforçar um estado de espírito positivo, permitindo que a gratidão se expandisse e permeasse cada aspecto da existência.

A gratidão não precisava de um momento específico para ser expressa. A Celebração Espontânea era uma lembrança de que, ao longo do dia, sempre que algo bom acontecesse ou sempre que se percebesse a beleza da vida, era importante parar por um instante e agradecer. Celebrar as pequenas alegrias, os instantes simples e a dádiva de estar vivo era uma prática constante, um lembrete de que a vida é um presente e que cada momento pode ser honrado.

A gratidão, para os celtas, não era uma mera formalidade, mas um modo de viver. Ao cultivá-la de maneira consciente e intencional, eles criavam um ciclo de bênçãos contínuo, onde a abundância fluía livremente e a conexão com o divino se fortalecia. Essa prática, ainda hoje, pode transformar vidas, trazendo mais alegria, paz e propósito para cada jornada. Que a gratidão seja sempre uma luz a guiar nossos passos e a iluminar nosso caminho.

A gratidão é uma prática poderosa que pode transformar nossa vida. Ao cultivarmos a gratidão em nosso dia a dia, abrimos nosso coração para a abundância, fortalecemos nossa conexão com o divino e vivemos com mais alegria, paz e propósito. Que a gratidão seja uma constante em nossa jornada, guiando nossos passos e iluminando nosso caminho.

# Parte IV
# Aprofundamento e Prática Avançada

## Capítulo 25
## Magia Celta Avançada

A magia celta, em sua essência, é a arte de trabalhar em harmonia com as forças da natureza e do Outro Mundo para manifestar intenções, promover cura e alcançar sabedoria. A magia celta avançada envolve um aprofundamento nesses princípios, explorando técnicas mais complexas, estabelecendo conexões mais profundas com as divindades e os espíritos, e assumindo maior responsabilidade pelo próprio poder mágico.

A magia celta avançada se fundamenta em princípios essenciais que guiam o praticante em sua jornada mágica, tornando-o não apenas um executor de feitiços, mas um verdadeiro guardião das forças da natureza e do Outro Mundo. O primeiro desses princípios é a conexão profunda com a natureza. O praticante avançado não vê a natureza como algo externo a ser explorado, mas como uma extensão de si mesmo. Ele observa atentamente as estações do ano, os ciclos lunares, o fluxo das marés e os padrões dos ventos. Caminhar por uma floresta, sentir o cheiro da terra úmida depois da chuva, perceber a dança das folhas ao vento — tudo isso se torna um diálogo constante com os espíritos naturais. A energia das árvores, a canção dos rios e até mesmo o silêncio das montanhas carregam mensagens que o praticante aprende a decifrar. Ele se torna, assim, um canal consciente dessa energia viva, aprendendo a direcioná-la para cura, proteção e crescimento espiritual.

O relacionamento com as divindades celtas é outro pilar fundamental. Ao invés de apenas invocar os deuses e deusas em momentos de necessidade, o praticante avançado cultiva uma conexão constante com eles. Isso se faz por meio de orações sinceras, oferendas simbólicas e momentos de contemplação diante de um altar dedicado. Esse altar pode conter imagens, estátuas ou símbolos dos deuses, velas representando sua presença, cristais para amplificar sua energia e oferendas como mel, leite, pão ou vinho, dependendo da divindade honrada. Além disso, o estudo da mitologia é essencial para compreender a essência de cada deus e deusa, seus domínios e a forma como interagem com os mortais. Através da meditação, o praticante aprende a ouvir sua orientação e sentir sua presença, fortalecendo uma relação que transcende o simples pedido e resposta, tornando-se uma verdadeira aliança espiritual.

O domínio dos elementos — terra, ar, fogo e água — é aprofundado à medida que o praticante evolui. Ele compreende que cada elemento tem uma personalidade, uma vibração própria e uma função específica dentro da magia. A terra representa a estabilidade, a nutrição e a materialização dos desejos; o ar simboliza o intelecto, a comunicação e a inspiração; o fogo carrega a força da transformação, da paixão e da vontade; e a água reflete as emoções, a intuição e a fluidez da vida. Trabalhar com os elementos envolve rituais específicos, como acender velas para canalizar o fogo, usar fontes de água em rituais de purificação, queimar ervas para se conectar com o ar ou enterrar pedidos escritos na terra para firmar intenções. Com o tempo, o praticante aprende a equilibrar esses elementos dentro de si, harmonizando sua energia interna com as forças primordiais do universo.

A manipulação da energia vital é uma habilidade refinada pelo praticante avançado. Conhecida por diversos nomes — força vital, prana, chi ou energia ódica — essa energia permeia tudo o que existe e pode ser direcionada para diversos propósitos. Um dos métodos mais eficazes para trabalhar essa energia é a respiração consciente. Inspirar profundamente, visualizando a energia entrando pelo topo da cabeça e descendo pelo corpo, e expirar liberando bloqueios ou energias estagnadas, ajuda a fortalecer o fluxo energético. Além disso, técnicas como imposição de mãos para cura, círculos de proteção traçados energeticamente e projeção de intenções através da visualização tornam-se parte do arsenal do praticante. A chave para uma manipulação eficaz está no controle da própria mente, no foco e na intenção clara.

O uso de símbolos e ferramentas mágicas ganha uma profundidade maior na prática avançada. O Ogham, antigo alfabeto celta, é não apenas um oráculo, mas um sistema de poder. Cada uma de suas feda (letras) carrega uma vibração específica e pode ser gravada em talismãs, esculpida em varas sagradas ou utilizada em encantamentos escritos. Os nós celtas, com seus desenhos entrelaçados e infinitos, são mais do que arte: são expressões da continuidade da vida, da interconexão de todas as coisas e do poder de prender ou liberar energias. Ferramentas como o athame (punhal cerimonial), a varinha, o cálice e o pentáculo são usadas com intenção precisa, cada uma representando um aspecto do cosmos e servindo para canalizar poder de forma mais eficaz. O praticante aprende que o verdadeiro poder não está nos objetos em si, mas na energia e na intenção que ele projeta através deles.

A ética e a responsabilidade se tornam mais rígidas conforme o praticante avança em seu caminho. Ele entende que a magia não é um jogo e que toda ação tem uma consequência. A Lei Tríplice, que afirma que toda energia enviada ao mundo retorna multiplicada por três, torna-se uma diretriz essencial. Além disso, o princípio de não prejudicar ninguém rege cada feitiço, evitando qualquer forma de manipulação ou interferência na vontade alheia. A busca pelo conhecimento é incessante, pois a magia não é algo estático, mas um caminho de aprendizado contínuo. O praticante lê, experimenta, observa os resultados e aprimora suas práticas com disciplina e respeito.

As técnicas avançadas de magia celta envolvem um espectro amplo de possibilidades. O Ogham pode ser utilizado não apenas para adivinhação, mas também para a criação de amuletos gravados com símbolos específicos, a fim de atrair proteção, prosperidade ou cura. A magia dos nós celtas permite que o praticante amarre ou liberte situações, prendendo energias indesejadas ou desfazendo bloqueios ao desatar os nós. A magia com os elementos ensina a invocar e evocar seres elementais, como silfos, salamandras, ondinas e gnomos, pedindo sua ajuda em rituais específicos. A influência do clima pode ser trabalhada com extremo respeito, sintonizando-se com os ritmos naturais para atrair chuva, dissipar tempestades ou invocar névoa para proteção.

O uso de cristais se aprofunda, incluindo a criação de grades energéticas para amplificar intenções e a preparação de elixires mágicos. O trabalho com ervas se expande para incluir banhos rituais e defumações poderosas. A magia com sonhos torna-se uma ferramenta de orientação e cura, e o praticante avança no desenvolvimento da projeção astral. Formas-pensamento são criadas e direcionadas com precisão, moldando a realidade de maneira sutil, mas poderosa.

A conexão com a Lua se intensifica, e os rituais são ajustados para cada fase lunar, aproveitando sua energia para propósitos específicos, como novos começos na Lua Nova, crescimento na Lua Crescente, manifestação na Lua Cheia e banimento na Lua Minguante. A honra aos ancestrais se fortalece, e o praticante estabelece laços espirituais profundos com aqueles que vieram antes, recebendo sua sabedoria e proteção.

A magia celta avançada é, acima de tudo, um caminho de transformação pessoal e espiritual. Exige comprometimento, respeito e um desejo genuíno de crescimento. Ao trilhar esse caminho com ética e sabedoria, o praticante desperta seu verdadeiro poder, tornando-se um elo entre o mundo visível e o invisível, um guardião da antiga magia e um agente de equilíbrio e harmonia no universo.

A magia celta avançada é um caminho de transformação profunda, que exige compromisso, disciplina e respeito. Ao trilhar esse caminho com sabedoria e ética, o praticante pode despertar seu poder interior, conectar-se com as forças da natureza e do Outro Mundo, e contribuir para um mundo mais mágico e harmonioso.

# Capítulo 26
## Jornadas Xamânicas

As jornadas xamânicas são uma prática ancestral, encontrada em diversas culturas ao redor do mundo, incluindo a tradição celta. São viagens da consciência, induzidas por meio de técnicas como o toque do tambor, o chocalho, a dança, o canto, a meditação ou o uso de plantas de poder -em algumas tradições-, que permitem ao praticante acessar outros estados de realidade, conectar-se com seus guias espirituais, animais de poder e ancestrais, obter insights, cura e sabedoria.

O Xamanismo Celta, embora não nomeado como tal em sua época, envolvia práticas profundamente espirituais e de conexão com os mundos invisíveis. Apesar da origem siberiana do termo "xamanismo", estados alterados de consciência para cura e conhecimento eram comuns entre os celtas, sendo os druidas seus principais condutores. Eles não eram apenas sacerdotes, mas também curandeiros, conselheiros, poetas e guardiões do conhecimento ancestral. Mestres em magia, adivinhação e astronomia, os druidas compreendiam os ciclos naturais e comunicavam-se com os espíritos da terra, os deuses e os ancestrais. Embora não haja registros escritos diretos de suas práticas – pois sua tradição era essencialmente oral –, evidências arqueológicas e mitológicas sugerem que utilizavam métodos semelhantes aos de outras culturas xamânicas ao redor do mundo.

A jornada xamânica celta era uma incursão da consciência por meio de técnicas variadas, permitindo a exploração de outros reinos de existência. Cada experiência era única, mas costumava seguir uma estrutura básica. O primeiro passo era a preparação, que começava com a definição da intenção da jornada. Antes de iniciar, o praticante precisava estabelecer o que buscava – fosse cura, orientação, conhecimento ou conexão espiritual. Esse propósito guiaria toda a experiência. Criar um espaço sagrado também era essencial. Esse ambiente deveria ser protegido e livre de distrações, podendo ser tanto na natureza quanto um local reservado dentro de casa, como um altar. Para purificar esse espaço e o próprio praticante, rituais de defumação com ervas como sálvia, cedro ou alecrim eram comuns, assim como o uso de água salgada, sons como sinos e tambores ou até mesmo visualizações guiadas. Além disso, invocar proteção era um passo fundamental. O praticante poderia pedir auxílio a seus guias espirituais, deuses, ancestrais ou seres de luz, visualizando um escudo protetor de energia ao seu redor.

A indução do estado alterado de consciência era um dos aspectos centrais da jornada e podia ser alcançada de diversas formas. O ritmo constante do tambor – entre 4 a 7 batidas por segundo – era uma das maneiras mais eficazes de entrar em transe, permitindo que a mente se desprendesse da realidade cotidiana. O chocalho também era usado, tanto para induzir o estado alterado quanto para purificar e energizar o ambiente. A dança extática, com movimentos repetitivos e ritmados, levava o praticante a uma condição de êxtase, onde era possível transitar entre os mundos. O canto desempenhava um papel semelhante, seja por meio de mantras, canções de poder ou vocalizações espontâneas. A meditação guiada, com imagens e instruções específicas, era outro meio de facilitar a jornada, assim como técnicas de respiração profunda e ritmada, como a respiração holotrópica. Algumas tradições faziam uso de plantas de poder, como ayahuasca, peiote ou cogumelos psilocibinos, para intensificar a experiência. No entanto, esse método era considerado extremamente delicado e perigoso, devendo ser conduzido apenas sob a supervisão de um xamã experiente, dentro de um contexto ritualístico adequado.

Uma vez em estado alterado, o praticante iniciava sua viagem espiritual. Com os olhos fechados, visualizava uma entrada para o Outro Mundo – que poderia se manifestar como uma caverna, um buraco em uma árvore, uma cachoeira ou um portal qualquer que ressoasse com sua intuição. Ao atravessar esse limiar, adentrava o reino espiritual, onde encontraria seus guias, animais de poder, ancestrais ou divindades. Durante esse percurso, poderia receber mensagens, ensinamentos e até mesmo curas espirituais. O Outro Mundo não era um único espaço fixo, mas um ambiente mutável, composto por diferentes reinos e dimensões que poderiam ser explorados conforme a necessidade e a orientação recebida.

Ao concluir a jornada, o praticante deveria realizar um retorno consciente. O primeiro passo era despedir-se respeitosamente dos guias espirituais e agradecer-lhes pela experiência. Em seguida, visualizava-se regressando pelo mesmo caminho pelo qual havia chegado, trazendo consigo os aprendizados adquiridos. Ao reabrir os olhos, o aterramento era essencial para reintegrar-se ao mundo físico. Sentir os pés no chão, respirar profundamente e beber água ajudavam a restabelecer o equilíbrio energético e a evitar sensações de desorientação.

Registrar a experiência era uma etapa crucial para a assimilação do conhecimento recebido. Escrever em um diário permitia que o praticante organizasse suas percepções, registrando visões, mensagens e sentimentos experimentados. Desenhar ou pintar imagens associadas à jornada também era uma forma poderosa de integração. Caso desejasse, poderia compartilhar sua experiência com um mentor, amigo de confiança ou grupo de prática xamânica.

Na cosmologia celta, o universo era dividido em três mundos interconectados. O Mundo Superior, equivalente ao Céu, era o domínio dos deuses, das deusas e dos seres celestiais, sendo um local de aprendizado, inspiração e transcendência espiritual. O Mundo Médio representava a Terra, onde habitavam humanos, animais, plantas e os espíritos da natureza. Era o reino da manifestação, da experiência sensorial e do cotidiano. Já o Mundo Inferior, ou Submundo, não possuía conotação negativa, mas sim um significado profundo de poder, transformação e renascimento. Era o local dos ancestrais, dos animais de poder e das forças ctônicas, onde se enfrentavam os medos e se acessava uma sabedoria mais instintiva e primordial. Dependendo da intenção do praticante, a jornada poderia levá-lo a qualquer um desses mundos.

Os animais de poder eram aliados espirituais fundamentais na jornada xamânica celta. Cada animal possuía características, simbolismos e dons específicos que auxiliavam o praticante em sua caminhada. O cervo representava nobreza, graça e liderança, além de simbolizar a conexão com a natureza selvagem. O corvo era o mensageiro do Outro Mundo, trazendo mistério, magia e transformação. O lobo carregava os atributos de lealdade, intuição e liberdade, sendo um guia poderoso para aqueles que buscavam seu espírito selvagem. O urso representava força, coragem e cura, auxiliando na introspecção e no fortalecimento interior. O salmão simbolizava sabedoria, superação e retorno às origens. A águia era um símbolo de visão ampla, clareza e conexão com o divino. O cisne carregava a energia da beleza, da graça e da transformação, enquanto a serpente representava renascimento, cura e o conhecimento ancestral profundo.

Por ser uma prática poderosa, a jornada xamânica exigia responsabilidade e respeito. Buscando sempre orientação de um praticante experiente, os iniciantes poderiam se preparar adequadamente para suas primeiras incursões espirituais. Garantir um ambiente seguro e protegido era essencial para que a experiência fosse conduzida sem interferências externas. Além disso, evitar substâncias como álcool e refeições pesadas antes da jornada ajudava a manter a mente e o corpo receptivos. Confiar na intuição e aceitar as mensagens recebidas sem resistência eram atitudes que facilitavam a conexão com o mundo espiritual. Como qualquer habilidade, a jornada xamânica exigia prática e paciência para que se tornasse mais profunda e reveladora ao longo do tempo. Após cada experiência, integrar o aprendizado à vida cotidiana permitia que os ensinamentos espirituais se tornassem fonte de crescimento e transformação pessoal.

Seguir o caminho da jornada xamânica era, portanto, uma escolha de autodescoberta e cura, um convite para acessar a sabedoria ancestral e fortalecer a conexão com o sagrado. Ao trilhar esse caminho com respeito e dedicação, o praticante poderia não apenas conhecer seu próprio poder interior, mas também viver de maneira mais equilibrada e significativa.

A jornada xamânica é um caminho de autodescoberta, de cura e de conexão com o sagrado. Ao explorar essa prática ancestral, você pode despertar seu poder interior, acessar a sabedoria dos seus guias espirituais e viver uma vida mais plena e significativa.

# Capítulo 27
## A Tradição Druídica

A tradição druídica é um dos pilares da espiritualidade celta, um caminho de conhecimento, sabedoria, magia, cura e conexão com a natureza e com o divino. Os druidas eram os sacerdotes, juízes, conselheiros, médicos, professores, poetas e guardiões da sabedoria ancestral dos antigos celtas.

Os druidas eram muito mais do que simples sacerdotes dentro da sociedade celta. Eram considerados a elite intelectual e espiritual, guardiões de um conhecimento ancestral transmitido de geração em geração. Suas responsabilidades iam muito além da realização de rituais religiosos; eram conselheiros de reis, juízes encarregados da justiça, médicos que dominavam a cura por meio das ervas e das energias da natureza, além de poetas e bardos que preservavam a história e a cultura do povo celta através da oralidade. A importância dos druidas na sociedade era tamanha que sua formação exigia décadas de aprendizado, envolvendo astronomia, filosofia, magia e a compreensão profunda das leis naturais e espirituais.

Dentro de suas funções, os druidas se destacavam como sacerdotes e sacerdotisas, responsáveis por realizar cerimônias religiosas, festivais sazonais e rituais de oferenda aos deuses, sempre em harmonia com os ciclos da natureza. Além disso, atuavam como juízes e legisladores, interpretando as leis tribais e solucionando disputas entre membros da comunidade. Seu papel como conselheiros era essencial, pois guiavam líderes políticos e guerreiros em tomadas de decisão estratégicas, baseando-se tanto na tradição quanto na observação cuidadosa dos sinais da natureza. No campo da medicina, eram curandeiros respeitados, conhecedores das propriedades terapêuticas das plantas e praticantes de métodos de cura que combinavam ciência, espiritualidade e magia. Sua sabedoria se estendia também à educação, sendo responsáveis pelo ensino de jovens aprendizes que futuramente assumiriam seus lugares como detentores do saber druídico.

Os bardos, por sua vez, eram os guardiões da memória coletiva, utilizando a música e a poesia para preservar e transmitir a história e a mitologia do povo celta. Os druidas também desempenhavam o papel de videntes e adivinhos, recorrendo ao Ogham — o alfabeto das árvores — e à interpretação dos sinais da natureza para orientar o futuro e aconselhar os líderes. Acima de tudo, eram guardiões da natureza, vivendo em total respeito e harmonia com os elementos naturais e reconhecendo a sacralidade de cada ser vivo.

A filosofia druídica estava fundamentada em princípios essenciais que guiavam sua conduta e compreensão do mundo. Acreditavam na sacralidade da natureza, considerando-a uma manifestação do divino. Cada árvore, rio, montanha, animal e estrela era reverenciado como parte de um todo sagrado. Além disso, reconheciam a interconexão de todas as coisas, compreendendo que tudo no universo estava entrelaçado e que cada ação reverberava no equilíbrio do mundo. A imortalidade da alma era uma certeza para os druidas, que viam a morte não como um fim, mas como uma passagem para o Outro Mundo, de onde o espírito poderia retornar através da reencarnação. Buscavam incessantemente o equilíbrio entre os opostos — luz e escuridão, masculino e feminino, vida e morte —, pois acreditavam que a harmonia era a chave para a saúde e a felicidade. Acima de tudo, valorizavam o conhecimento e a sabedoria, dedicando suas vidas ao estudo e à transmissão do aprendizado. Praticavam a ética druídica, pautada em valores como generosidade, coragem, honra, hospitalidade e respeito à verdade, além de seguirem a Lei Tríplice, segundo a qual toda energia emitida retorna multiplicada.

A organização druídica era estruturada de forma hierárquica, dividindo-se em três classes principais. Os bardos eram os poetas, músicos e contadores de histórias, encarregados de preservar a cultura e a história celta através da tradição oral. Os ouates, ou vates, eram adivinhos e curandeiros, especialistas na interpretação de sinais da natureza e na comunicação com o mundo espiritual. Já os druidas propriamente ditos eram os filósofos, juízes e mestres, responsáveis pela orientação espiritual e intelectual da comunidade. Existiam também as druidesas, mulheres que desempenhavam papéis semelhantes aos dos druidas masculinos, com destaque nas áreas de cura, adivinhação e conexão com a natureza.

O treinamento druídico era um processo árduo e prolongado, que podia durar até vinte anos. Os aprendizes recebiam ensinamentos transmitidos oralmente por seus mestres, cobrindo uma ampla gama de conhecimentos. Estudavam astronomia e cosmologia para compreender os ciclos naturais e o movimento dos astros, além de matemática e geometria, essenciais para a construção de monumentos e cálculos rituais. Botânica e herbologia eram fundamentais para o domínio das propriedades medicinais e mágicas das plantas, enquanto a zoologia aprofundava o entendimento do comportamento e simbolismo dos animais. A medicina druídica combinava o uso de ervas, encantamentos e até mesmo técnicas cirúrgicas rudimentares em determinados casos. O conhecimento das leis e da justiça era igualmente essencial, permitindo que os druidas atuassem como árbitros e legisladores dentro da sociedade.

A história e a mitologia celtas eram ensinadas detalhadamente, garantindo que os aprendizes se tornassem guardiões da memória de seu povo. A poesia e a música tinham papel central, pois a palavra falada possuía um poder mágico dentro da tradição druídica. Métodos de adivinhação, como a leitura do Ogham e a interpretação de presságios naturais, também faziam parte do currículo, assim como práticas mágicas e rituais. A filosofia e a teologia druídicas ensinavam sobre a natureza do divino, a reencarnação e os princípios fundamentais do equilíbrio universal.

Com a conquista romana da Gália e da Britânia e a posterior cristianização das ilhas britânicas, a tradição druídica começou a declinar. Os druidas foram perseguidos, seus bosques sagrados destruídos e seus rituais proibidos. No entanto, a sabedoria druídica não desapareceu por completo; sobreviveu nas lendas, no folclore e até mesmo dentro do cristianismo, influenciando a cultura popular ao longo dos séculos.

A partir do século XVIII, o revivalismo druídico emergiu como um movimento que busca resgatar e reinterpretar essa antiga tradição para os tempos modernos. Hoje, diversas ordens e grupos druídicos existem ao redor do mundo, cada um com suas próprias abordagens e práticas. O druidismo contemporâneo continua a honrar a natureza, os ancestrais e a espiritualidade celta, adaptando-se às necessidades e desafios da sociedade atual.

Se você deseja se conectar com a tradição druídica, existem várias formas de fazê-lo. O primeiro passo é estudar e pesquisar, lendo sobre a história, mitologia e filosofia druídicas. Passar tempo na natureza e desenvolver um vínculo de respeito com os ciclos naturais é essencial. Celebrar os festivais da Roda do Ano, como Samhain, Beltane e Imbolc, ajuda a alinhar-se aos ritmos sazonais. O estudo do Ogham pode servir como ferramenta oracular e de meditação. A prática regular da meditação auxilia no desenvolvimento da intuição e na conexão com o divino. Além disso, expressar-se criativamente por meio da arte, música ou escrita pode ser uma forma poderosa de canalizar a essência druídica.

Se desejar uma experiência mais aprofundada, buscar um grupo ou ordem druídica pode ser uma opção valiosa, desde que haja pesquisa sobre a idoneidade do grupo antes de se envolver. Por fim, viver de acordo com os princípios éticos druídicos — pautados na honra, justiça, coragem, generosidade e respeito à vida — é a maneira mais autêntica de incorporar essa antiga sabedoria ao cotidiano.

A tradição druídica é um caminho de sabedoria, de conexão com a natureza e com o divino, e de serviço à comunidade. Ao nos inspirarmos na sabedoria ancestral dos druidas, podemos encontrar um sentido mais profundo para nossa vida e contribuir para um mundo mais equilibrado, justo e harmonioso.

# Capítulo 28
# A Senda do Bardo

Na tradição celta, o bardo ocupava um lugar de destaque na sociedade, sendo muito mais do que um simples músico ou poeta. Ele era o guardião da memória coletiva, o transmissor da história, da mitologia e dos valores do seu povo. Através da palavra cantada, da poesia e da música, o bardo inspirava, educava, entretinha e conectava as pessoas com o passado, o presente e o futuro.

O bardo ocupava um papel essencial na sociedade celta, e suas responsabilidades iam muito além da música e da poesia. Ele era o guardião da memória do povo, o transmissor das histórias ancestrais e um elo entre o passado e o presente. Seu canto, sua palavra e sua música carregavam ensinamentos profundos, mantendo viva a identidade cultural da comunidade.

Dentro dessa função, ele desempenhava diversas tarefas fundamentais. Como preservador da história e da tradição, era responsável por reter e transmitir oralmente as narrativas de sua gente, desde genealogias familiares até os feitos heroicos de deuses e guerreiros, sem esquecer as leis e os costumes da tribo. Esse conhecimento não era registrado por escrito, o que tornava sua memória um dos maiores tesouros da sociedade celta.

Além disso, o bardo também atuava como educador, passando adiante os valores morais, o conhecimento ancestral e as habilidades necessárias para que os jovens pudessem se integrar à vida adulta de maneira plena. Seu papel como conselheiro também era de grande importância, pois, munido de sua sabedoria e de uma visão ampla da história e da natureza humana, ele orientava líderes e membros da comunidade em momentos decisivos.

Inspirar era outra de suas funções mais sublimes. Com suas canções e poemas, ele inflamava a coragem dos guerreiros antes das batalhas, exaltava as vitórias conquistadas e lamentava as derrotas, dando sentido e profundidade às emoções coletivas. Seu dom para a arte o tornava também um animador das festividades e celebrações, garantindo que a música, a poesia e as histórias criassem um ambiente de alegria e união entre todos.

Além disso, o bardo era um cronista dos eventos mais marcantes de sua época. Composições poéticas registravam feitos heroicos, batalhas, uniões matrimoniais entre famílias nobres e outros acontecimentos de relevância para a coletividade. Sua influência não parava por aí, pois ele também desempenhava o papel de mediador em disputas, recorrendo à sua eloquência e inteligência para buscar resoluções pacíficas para os conflitos.

Por fim, o bardo possuía uma função crítica dentro da sociedade. Através de sátiras afiadas, ele podia expor fraquezas e injustiças, revelando problemas políticos ou sociais de forma artística e perspicaz, sem que fosse necessário o uso da força ou da violência.

O treinamento de um bardo era uma jornada longa e exigente, podendo levar anos até que o aprendiz dominasse todas as habilidades necessárias. Aqueles escolhidos para seguir esse caminho eram, geralmente, jovens dotados de talento natural para a palavra e a música. Guiados por mestres experientes, eles recebiam um intenso treinamento oral, absorvendo um vasto repertório de histórias, leis e ensinamentos.

Entre os aspectos fundamentais desse aprendizado, a memorização era um dos mais desafiadores. Sem o auxílio da escrita, o bardo precisava reter em sua mente uma quantidade imensa de poemas, canções, histórias e genealogias. Essa capacidade de lembrar e recitar longos textos com precisão era uma característica essencial de seu ofício.

A composição poética também fazia parte de sua formação. Ele aprendia as técnicas de métrica, rima, aliteração e outras estruturas estilísticas, adquirindo a habilidade de criar versos sob demanda para as mais diversas ocasiões. Não menos importante era o domínio da música, pois o bardo deveria tocar instrumentos como harpa, lira, flauta ou tambor, incorporando melodias que amplificavam o impacto emocional de sua poesia.

Para desempenhar seu papel com excelência, ele precisava de um profundo conhecimento da história e da mitologia de seu povo. Isso incluía o estudo das genealogias das famílias influentes, dos mitos dos deuses e heróis, das leis e dos costumes tribais. A oratória era outro pilar essencial do treinamento, permitindo ao bardo desenvolver uma fala clara, expressiva e persuasiva.

Além de suas habilidades técnicas, o bardo também precisava afinar sua observação do mundo ao seu redor. Ele devia ser capaz de captar nuances da natureza e das interações humanas, utilizando essas percepções em suas composições. Tudo isso era orientado por um forte código ético, que valorizava a verdade, a justiça, a coragem, a generosidade, a hospitalidade e o respeito pelos deuses e pelos ancestrais.

Os instrumentos musicais que acompanhavam o bardo eram variados e essenciais para suas apresentações. A harpa era o mais nobre entre eles, emitindo um som suave e profundo, capaz de tocar a alma dos ouvintes e transportá-los para estados elevados de emoção. A lira, menor e mais simples, era usada para músicas mais leves e alegres, enquanto a flauta, feita de madeira, osso ou metal, evocava melodias doces e melancólicas, além de imitar sons da natureza. O tambor marcava o ritmo das danças, das canções de guerra e dos ritos de êxtase, enquanto o crwth, um instrumento de cordas friccionadas, produzia tons únicos e envolventes.

Embora a tradição bárdica antiga tenha se dissipado com o tempo, seu espírito continua vivo na contemporaneidade. A senda do bardo ainda pode ser trilhada por aqueles que sentem o chamado da arte, da música e da palavra como formas de conexão, inspiração e transformação.

Para seguir esse caminho nos dias de hoje, um primeiro passo é estudar a cultura celta, aprofundando-se em sua história, mitologia e espiritualidade por meio de livros, artigos e pesquisas. A música, sendo um elemento vital da senda do bardo, pode ser explorada através do aprendizado de um instrumento, como harpa, flauta, violão ou tambor, permitindo que a musicalidade seja incorporada à jornada pessoal.

A escrita poética também é uma forma poderosa de expressar sentimentos, ideias e experiências, sendo um exercício essencial para aqueles que desejam despertar seu lado bárdico. Da mesma forma, a arte de contar histórias pode ser cultivada, seja através da narração de lendas tradicionais celtas, da preservação das memórias familiares ou da criação de histórias originais.

O canto é outra prática essencial para quem deseja reviver a tradição bárdica. Cantar músicas tradicionais, folclóricas ou composições próprias pode fortalecer a conexão com essa ancestralidade. Além disso, buscar um grupo de estudo ou um círculo bárdico, seja presencialmente ou online, pode proporcionar uma troca enriquecedora com outros entusiastas dessa senda.

Celebrar os festivais celtas e participar dos rituais da Roda do Ano também pode aprofundar a conexão com esse caminho, permitindo uma vivência mais próxima dos ciclos da natureza e dos arquétipos divinos que regem cada estação. Desenvolver a oratória, praticando a fala em público e utilizando a palavra com eloquência e consciência, é outro aspecto essencial para honrar essa tradição.

A palavra tem poder, e o bardo compreendia isso profundamente. Portanto, usá-la com sabedoria e responsabilidade é fundamental. Ela deve servir para inspirar, educar, curar, unir e construir, jamais para ferir, manipular ou destruir. Assim, ao trilhar a senda do bardo nos dias atuais, é possível se tornar um guardião da memória, preservando e transmitindo a história, a cultura e os valores que nos conectam às nossas raízes e ao futuro.

Esse caminho é, acima de tudo, um convite à beleza, à criatividade e à profundidade. Ao seguir essa jornada, desperta-se o potencial criativo, fortalece-se a voz interior e honra-se a sabedoria dos ancestrais, contribuindo para um mundo mais inspirado, harmonioso e repleto de significado.

# Capítulo 29
## O Caminho do Guerreiro

Na sociedade celta, os guerreiros ocupavam um lugar de honra e respeito. Eles eram os defensores da tribo, os protetores da terra e do povo, os responsáveis por manter a ordem e a segurança. Mas o caminho do guerreiro celta não era apenas sobre força física e habilidade em combate. Era também um caminho de desenvolvimento interior, de disciplina, de coragem, de honra e de conexão com o divino.

Os guerreiros celtas eram muito mais do que meros soldados. Sua bravura e ferocidade em combate os tornavam temidos por seus inimigos e admirados por seus aliados, mas sua importância dentro da tribo ia além da guerra. Eles desempenhavam múltiplos papéis, fundamentais para a sobrevivência e o equilíbrio da comunidade. Como defensores da tribo, sua principal responsabilidade era garantir a segurança contra ataques externos, invasões e qualquer ameaça que pudesse colocar em risco a vida de seu povo. No entanto, sua missão não se limitava à proteção contra inimigos humanos; eram também guardiões da terra, responsáveis por preservar os recursos naturais, garantindo que a floresta, os rios e os animais fossem respeitados e utilizados de forma sustentável.

Além disso, sua presença era essencial para manter a ordem e a justiça dentro da tribo. Quando disputas surgiam entre membros da comunidade, os guerreiros muitas vezes atuavam como mediadores ou executores das decisões tomadas pelos líderes e druidas. Eram também modelos de coragem e honra para todos, servindo de inspiração para os jovens e lembrando a todos da importância da lealdade, da força e da dignidade. Em algumas tradições, os guerreiros passavam por rituais de iniciação que não apenas os preparavam para a batalha, mas os conectavam ao mundo espiritual. A crença de que estavam ligados aos deuses da guerra e aos espíritos ancestrais fazia parte de seu treinamento, proporcionando-lhes uma força que ia além do físico.

A caça era outra atividade essencial em sua rotina. Não apenas fornecia carne para alimentar a tribo, mas também era um treinamento prático para o combate, exigindo furtividade, precisão e resistência. Os guerreiros também tinham o dever sagrado de proteger os mais vulneráveis da comunidade, incluindo crianças, idosos e enfermos. Para eles, um verdadeiro guerreiro não era aquele que apenas empunhava uma espada, mas aquele que usava sua força para garantir o bem-estar de seu povo.

Desde a infância, o jovem que desejava trilhar esse caminho era submetido a um rigoroso treinamento. Suas habilidades de combate eram desenvolvidas com diferentes tipos de armas, como espada, lança, arco e escudo, além do domínio da montaria e, em algumas regiões, do uso do carro de guerra. O treinamento físico era intenso, voltado para o desenvolvimento da força, resistência e agilidade por meio de exercícios diários, corridas, saltos e até mesmo práticas como natação. No entanto, a preparação não se limitava ao corpo; a mente e o espírito também eram moldados. Estratégia e tática eram ensinadas para que o guerreiro soubesse quando atacar, quando recuar e como surpreender seus adversários. A sobrevivência na natureza era outra habilidade essencial: aprender a encontrar alimento e água, construir abrigos, fazer fogo e se orientar garantiam que um guerreiro nunca dependesse exclusivamente da civilização para sobreviver.

O autocontrole e a disciplina mental eram igualmente cruciais. O guerreiro deveria aprender a dominar o medo e a dor, mantendo-se firme mesmo diante da morte. A coragem não significava a ausência de medo, mas a capacidade de agir apesar dele. E essa coragem deveria ser guiada por um código de honra que determinava o comportamento dos guerreiros dentro e fora do campo de batalha. Esse código não era escrito, mas passado oralmente, enraizando valores profundos como lealdade à tribo e aos companheiros, honestidade em todas as ações, justiça na proteção dos fracos e na punição dos infratores, generosidade para com os necessitados e hospitalidade para com os estrangeiros. O respeito era igualmente fundamental, abrangendo inimigos derrotados, os mortos, os deuses e a própria natureza.

A honra era a base de tudo. Manter a palavra, cumprir promessas e agir de forma digna eram princípios que guiavam suas vidas. O pior destino para um guerreiro não era a morte, mas a desonra, pois perder a honra significava perder tudo o que fazia dele um verdadeiro guerreiro.

Embora hoje não vivamos mais em uma sociedade tribal e guerreira, os ensinamentos do caminho do guerreiro celta continuam relevantes. Ainda podemos desenvolver a coragem, não necessariamente para enfrentar inimigos físicos, mas para encarar os desafios da vida, superar medos e lutar por aquilo em que acreditamos. A força interior, seja física, mental ou emocional, nos permite resistir às adversidades e continuar avançando. Viver com integridade significa agir com honestidade, lealdade e justiça, mantendo nossos princípios mesmo quando isso nos coloca em desvantagem.

Podemos também aplicar o princípio de proteger os mais fracos, seja ajudando aqueles que precisam, combatendo injustiças ou sendo uma voz para os que não têm. Honrar nossos compromissos é uma forma de demonstrar responsabilidade e caráter, cumprindo promessas e assumindo as consequências de nossas escolhas. Buscar o autoconhecimento nos permite entender nossas forças e fraquezas, nossos medos e desejos, ajudando-nos a viver de forma mais autêntica e alinhada com nossa essência.

A conexão com a natureza, algo fundamental para os celtas, pode ser resgatada em nossa rotina moderna. Passar tempo ao ar livre, respeitar os ciclos naturais e aprender com a sabedoria da terra nos ajudam a manter um equilíbrio interior. Desenvolver disciplina, estabelecer metas e persistir mesmo diante de dificuldades são práticas que nos aproximam do espírito guerreiro, preparando-nos para enfrentar qualquer obstáculo com determinação.

Por fim, encontrar um propósito maior do que nós mesmos é uma das maiores lições do caminho do guerreiro. Não se trata apenas de batalhas ou conquistas individuais, mas de contribuir para algo maior, seja ajudando nossa comunidade, protegendo a natureza ou servindo a um ideal que transcenda nossas ambições pessoais.

O caminho do guerreiro, hoje, é um caminho de autodescoberta, superação e serviço. É um convite para despertar nosso potencial, viver com coragem e deixar nossa marca positiva no mundo.

O caminho do guerreiro, na atualidade, é um caminho de autodescoberta, de superação, de serviço e de conexão com o sagrado. É um convite para despertarmos nosso potencial interior, para vivermos com coragem, honra e integridade, e para deixarmos nossa marca positiva no mundo.

# Capítulo 30
# A Cura da Terra

Na espiritualidade celta, a Terra é vista como um ser vivo, sagrado e poderoso, a própria manifestação da Deusa Mãe. Os celtas acreditavam que a saúde e o bem-estar da Terra estavam intrinsecamente ligados à saúde e ao bem-estar de seu povo. Portanto, cuidar da Terra, honrá-la e curá-la era uma responsabilidade sagrada.

Para os celtas, a Terra não era apenas um pedaço de rocha e solo inerte, mas sim um ser vivo, pulsante e consciente, dotado de energia e espírito próprios. Eles a reconheciam como a Grande Mãe, a origem de toda a vida, a fonte primordial que nutria, protegia e sustentava todas as criaturas. Seu ventre fértil era o berço das florestas, dos rios e das montanhas, e seu sopro de vida permeava cada canto do mundo natural. Assim, honrá-la não era apenas um ato de gratidão, mas uma necessidade vital para a harmonia do universo.

A personificação da Terra como uma deusa era algo natural dentro da espiritualidade celta. Em diferentes regiões e tradições, ela assumia diversos nomes e aspectos, refletindo as características únicas de cada cultura. Na Irlanda, era venerada como Danu, a deusa mãe primordial, considerada a ancestral de todos os deuses e deusas do panteão dos Tuatha Dé Danann.

Sua presença era a própria manifestação do fluxo da criação, da magia e da abundância. Já no País de Gales, seu equivalente era Don, reverenciada como a grande matriarca da linhagem divina. Anu, também da tradição irlandesa, representava a terra fértil, a prosperidade e a abundância, sendo especialmente associada à região de Munster, onde colinas gêmeas conhecidas como "Seios de Anu" simbolizavam sua presença nutridora. Tailtiu, por sua vez, era lembrada como a deusa da agricultura e da colheita, guardiã do solo cultivado e das plantações. Entre os galeses, Modron encarnava a essência da maternidade sagrada, conectando o mundo terreno ao Outro Mundo, garantindo a renovação cíclica da vida.

Essas deusas refletiam a energia vital da Terra e sua imensa capacidade de gerar, sustentar e transformar a vida. Elas personificavam sua sabedoria ancestral e seu poder de cura, que se manifestava tanto na fertilidade do solo quanto na renovação das águas e na força dos ventos. No entanto, assim como os seres humanos podiam adoecer e enfraquecer, a Terra também estava sujeita a feridas e desequilíbrios causados por maus-tratos e desrespeito ao seu equilíbrio natural.

Quando os celtas observavam mudanças abruptas na natureza, interpretavam-nas como sinais de que a Terra estava sofrendo. Os desastres naturais, como tempestades violentas, secas prolongadas, inundações devastadoras, terremotos e erupções vulcânicas, eram vistos como clamores da Grande Mãe, expressando sua dor e pedindo por cura. O surgimento de pragas e doenças que afetavam animais, plantas e humanos era considerado um sintoma de que o ciclo sagrado da vida estava rompido. A infertilidade do solo, o empobrecimento das colheitas e a escassez de alimentos indicavam que a vitalidade da Terra estava diminuída, exigindo rituais de restauração. Além disso, acreditava-se que até mesmo os conflitos e as guerras refletiam a doença do mundo natural, pois a desarmonia entre os homens era um espelho do desequilíbrio da própria Terra.

Para restaurar a saúde do planeta, os celtas realizavam diversos rituais de cura, buscando reequilibrar as energias e honrar a sacralidade da Terra. As oferendas eram uma prática comum e essencial nesses rituais. Alimentos, bebidas, flores, ervas, cristais e objetos simbólicos eram deixados em locais sagrados como florestas, rios, montanhas e círculos de pedras, como forma de agradecimento e reconexão. Esses atos simbólicos demonstravam respeito e reverência, fortalecendo o elo entre o povo e a Terra.

Orações e encantamentos também eram recitados com fervor, invocando a ajuda dos deuses, dos ancestrais e dos espíritos da natureza. Esses cânticos e palavras sagradas tinham o poder de vibrar no tecido espiritual do mundo, transmitindo intenções de cura e arrependimento pelos danos causados. A música e a dança eram utilizadas como ferramentas poderosas para elevar a energia e restaurar a harmonia. Com passos ritmados e movimentos circulares, os celtas canalizavam sua conexão com a Terra, gerando uma corrente de força vital capaz de revitalizar os espaços naturais.

A limpeza de rios, florestas e outros locais sagrados era um ato de respeito e responsabilidade. Ao remover a poluição e o lixo, os celtas reconheciam seu papel como guardiões da Terra, compreendendo que a cura exigia ações concretas. O plantio de árvores era outro gesto profundamente significativo. Cada muda cultivada representava não apenas um presente para a natureza, mas uma renovação do compromisso de cuidar do planeta. As árvores eram vistas como seres sábios, pontes entre os mundos, capazes de purificar o ar, fornecer abrigo e sustento para inúmeras criaturas.

Criar espaços sagrados também era uma forma de contribuir para a restauração da Terra. Jardins, hortas e bosques consagrados eram cultivados com devoção, servindo como santuários para a vida selvagem e para o crescimento espiritual daqueles que os mantinham. Os celtas acreditavam na importância de trabalhar diretamente com os quatro elementos – terra, ar, fogo e água – para equilibrar as energias e promover a regeneração. Rituais específicos eram realizados para harmonizar essas forças primordiais, assegurando que cada elemento estivesse em sintonia com os demais.

Os xamãs celtas desempenhavam um papel crucial nesse processo de cura. Através de jornadas espirituais, eles se conectavam com os reinos invisíveis, buscando compreender as causas mais profundas do sofrimento da Terra e recebendo orientações para sua restauração. Seus ritos podiam envolver meditações profundas, contato com espíritos guias e a canalização de energias curativas para os lugares afetados.

Nos dias de hoje, essa conexão com a Terra e a necessidade de curá-la são mais urgentes do que nunca. A crise ambiental que enfrentamos exige uma mudança profunda em nossa relação com o planeta. Inspirar-se na sabedoria ancestral dos celtas pode ser um caminho valioso para cultivar um estilo de vida mais sustentável e respeitoso com o meio ambiente. Pequenas ações individuais e coletivas podem fazer uma grande diferença: reduzir o consumo desenfreado, reciclar, reutilizar materiais e optar por produtos ecológicos são formas práticas de minimizar nosso impacto negativo.

Passar mais tempo na natureza, compreender seus ciclos e aprender com suas lições fortalece nossa conexão com o mundo natural. O plantio de árvores, a criação de jardins e a proteção dos espaços verdes são gestos que perpetuam a tradição celta de honrar a Terra. Além disso, engajar-se em movimentos ambientais, participar de mutirões de limpeza e defender a preservação da biodiversidade são maneiras de colocar em prática o respeito pela Grande Mãe.

O consumo consciente também desempenha um papel fundamental nessa cura. Escolher alimentos orgânicos e locais, apoiar pequenos produtores e evitar produtos que exploram excessivamente os recursos naturais são atitudes que beneficiam tanto a Terra quanto as comunidades humanas. Educar as novas gerações sobre a importância da preservação ambiental é essencial para garantir um futuro mais equilibrado.

Por fim, os rituais de cura da Terra podem ser adaptados à nossa realidade moderna. Oferendas simbólicas, meditações guiadas, cânticos, danças e visualizações são formas poderosas de canalizar energia positiva para o planeta. Cada ação, por menor que pareça, contribui para restaurar a harmonia entre os seres humanos e a Terra. Ao resgatarmos a antiga sabedoria celta e aplicá-la em nosso cotidiano, nos tornamos parte ativa desse processo de cura, garantindo um futuro mais sustentável e sagrado para todas as formas de vida.

A cura da Terra é uma tarefa urgente e necessária, que exige a participação de todos nós. Ao adotarmos uma postura mais consciente, respeitosa e amorosa em relação ao planeta, podemos contribuir para a construção de um futuro mais sustentável, justo e harmonioso para todas as formas de vida. Que a sabedoria ancestral dos celtas nos inspire e nos guie nessa jornada.

# Capítulo 31
## Vivendo a Espiritualidade Celta

A espiritualidade celta não é apenas um conjunto de crenças e práticas a serem seguidas em momentos específicos, mas sim um modo de vida, uma forma de estar no mundo, que permeia todas as nossas ações, pensamentos e relações. Viver a espiritualidade celta significa integrar seus princípios e valores em nosso dia a dia, buscando viver de forma mais consciente, conectada e autêntica.

A jornada para integrar a espiritualidade celta no nosso dia a dia começa com um passo fundamental: a conexão diária com a natureza. A natureza não é meramente um cenário para a vida celta, mas sim a sua própria essência, o alicerce sobre o qual tudo se constrói. É vital, portanto, fazer um esforço consciente para nos ligarmos a ela a cada dia. Imagine começar o seu dia com uma caminhada num parque, permitindo que os seus sentidos despertem para a sinfonia da vida natural. Observe a majestade das árvores, cada uma com a sua história silenciosa gravada nos anéis do tronco, as cores vibrantes e delicadas das flores, a dança aérea dos pássaros e a vastidão inspiradora do céu, que nos lembra da nossa ligação com o cosmos. Não se limite a olhar; sinta. Deixe o calor do sol acariciar a sua pele, a brisa fresca afagar o seu rosto, e a firmeza da terra nutrir os seus pés descalços. Estas sensações táteis são formas poderosas de nos ancorarmos no presente e de reconhecermos a nossa pertença ao mundo natural. Se possível, crie um pequeno jardim, mesmo que seja um jardim em miniatura em vasos ou jardineiras. O ato de cultivar, de acompanhar o crescimento de uma planta, de sentir a terra entre os dedos, é uma meditação em si. Traga a natureza para dentro de casa com plantas, que purificam o ar e alegram o espírito. Observe as fases da lua, a sua dança cíclica no céu noturno, e os ciclos das estações, o eterno rodar da vida, morte e renascimento. E, acima de tudo, pratique a gratidão. Agradeça à natureza pela sua beleza inigualável, pela sua abundância generosa que nos sustenta e pela sua sabedoria ancestral que nos guia. Este agradecimento diário estabelece um laço profundo e pessoal com a fonte da espiritualidade celta.

 Em seguida, a espiritualidade celta convida-nos a honrar os ciclos da vida. A vida não é uma linha reta, mas sim um ciclo perpétuo de nascimento, crescimento, declínio, morte e renascimento. Reconhecer e honrar estes ciclos em nós mesmos é fundamental. Celebre com alegria os momentos de expansão, de crescimento, de conquistas, mas aceite com serenidade e aprendizado os momentos de tristeza, de recolhimento, de desafios. Estes momentos menos luminosos não são falhas, mas sim partes integrantes do ciclo, oportunidades de introspeção e renovação. Aprenda com os seus erros e desafios, utilizando-os como degraus para o crescimento pessoal e espiritual. Como as folhas que caem no outono para dar lugar a um novo ciclo na primavera, aprenda a deixar ir o que já não serve, crenças limitantes, padrões de comportamento negativos, relações tóxicas, abrindo assim espaço para o novo, para o florescimento de novas possibilidades. Celebre os ritos de passagem com rituais significativos que marquem estas transições importantes na vida. Aniversários, formaturas, casamentos, nascimentos, e até mesmo as mortes, são momentos-chave que podem ser enriquecidos com cerimónias que honrem a passagem, a mudança, o ciclo da vida. Estes rituais conferem profundidade e significado a estas etapas, conectando-nos com o ritmo natural da existência.

A gratidão emerge como uma prática poderosa, um fio dourado que tece a espiritualidade celta. É uma chave que nos abre as portas para a abundância da vida, para reconhecer as dádivas que nos são constantemente oferecidas. Comece e termine o seu dia com um momento dedicado à gratidão. Agradeça pelas coisas boas que existem na sua vida, sejam elas grandes ou pequenas, materiais ou espirituais, visíveis ou invisíveis. Agradeça pela saúde, pelo lar, pela família, pelos amigos, pelo alimento, pelo sorriso de um estranho, pela beleza do céu estrelado. Mantenha um diário de gratidão, um espaço sagrado onde pode registar diariamente as coisas pelas quais se sente grato. Este ato simples, mas profundo, ajuda a treinar o seu olhar para o positivo, para o belo, mesmo nos dias mais desafiantes. E não se esqueça de expressar a sua gratidão às pessoas que fazem parte da sua vida, um gesto de reconhecimento que fortalece os laços e nutre as relações.

Para além da gratidão, a espiritualidade celta incentiva-nos a desenvolver a nossa intuição, a voz da alma, a sabedoria interior que reside em cada um de nós e que nos guia no caminho da vida. Num mundo dominado pela lógica e pela razão, muitas vezes esquecemos de ouvir essa voz silenciosa, mas persistente, que nos sussurra verdades profundas. Reserve tempo para silenciar a mente, aquietar o turbilhão de pensamentos e emoções, e abrir espaço para a intuição se manifestar. A meditação, a prática da atenção plena (mindfulness), o tempo passado na natureza, a escrita num diário, as atividades criativas, são ferramentas valiosas para aceder a este espaço interior de sabedoria. Confie nos seus instintos, nessas sensações viscerais que muitas vezes nos indicam o caminho certo, mesmo que ele pareça ir contra a lógica ou a opinião dos outros. A intuição é uma bússola interna que nos orienta para a nossa verdade mais autêntica.

A ligação com o passado, com as nossas raízes, é outro pilar da espiritualidade celta, que se manifesta na prática de honrar os ancestrais. Os ancestrais não são apenas figuras do passado, mas sim fontes de sabedoria, força e inspiração que continuam a influenciar as nossas vidas. Pesquise a sua árvore genealógica, explore a história da sua família, descubra as histórias e legados dos seus antepassados. Crie um altar dedicado aos seus ancestrais, um espaço sagrado onde pode colocar fotografias, objetos pessoais que lhes pertenceram, e oferendas simbólicas, como flores, velas, ou incenso. Converse com os seus ancestrais em pensamento ou em voz alta, peça a sua orientação e proteção, sinta a sua presença e apoio. Honre a memória dos seus ancestrais vivendo uma vida digna e significativa, carregando o seu legado com orgulho e respeito.

A expressão da criatividade é vista na espiritualidade celta como uma força vital, uma manifestação da nossa essência divina, a faísca da criação que reside em cada um de nós. Encontre formas de expressar a sua criatividade no seu dia a dia, libertando essa energia criadora que anseia por se manifestar. Escreva poemas, contos, canções, pinte quadros, desenhe mandalas, cante melodias ancestrais, dance ao ritmo da natureza, cozinhe pratos saborosos, faça artesanato com as mãos, toque um instrumento musical, cultive um jardim florido. Não se preocupe com a perfeição, com o julgamento dos outros, apenas deixe a sua criatividade fluir livremente, como um rio que corre para o mar. A criatividade é uma forma de oração, uma maneira de nos conectarmos com o divino que reside em nós.

A espinha dorsal da espiritualidade celta é firmada em ética e integridade. A honra, a verdade, a justiça, a coragem, a generosidade e a hospitalidade são valores sagrados que devem guiar as nossas ações e decisões em todas as áreas da vida. Esforce-se para viver de acordo com estes princípios, cultivando a honestidade nas suas palavras e ações, cumprindo as suas promessas, defendendo aquilo em que acredita, ajudando os outros e contribuindo para o bem-estar da comunidade. A integridade é a bússola moral que nos orienta no caminho da vida, garantindo que as nossas ações estejam alinhadas com os nossos valores mais profundos.

A sede por conhecimento e sabedoria era uma característica marcante dos druidas, os antigos sacerdotes celtas. Mantenha-se um eterno aprendiz ao longo da sua vida, buscando conhecimento em diversas fontes e áreas. Leia livros que expandam a sua mente e o seu espírito, faça cursos e workshops que o inspirem, participe em conversas enriquecedoras com pessoas sábias, explore diferentes áreas do conhecimento, da filosofia à ciência, da arte à espiritualidade. Mas busque não apenas o conhecimento intelectual, o saber livresco, mas também o conhecimento prático, o saber-fazer, o conhecimento do coração, a sabedoria emocional, e o conhecimento espiritual, a compreensão da nossa ligação com o divino.

Numa sociedade que nos bombardeia constantemente com apelos ao consumo e à acumulação material, a espiritualidade celta oferece um contraponto valioso, convidando-nos a simplificar a nossa vida. Desapegue-se do que não é essencial, do supérfluo, do que apenas ocupa espaço físico e mental. Reduza o consumo desnecessário, liberte-se da desordem que oprime o espírito, organize o seu tempo, priorizando o que é realmente importante para si, para a sua felicidade e bem-estar. Valorize as coisas simples e verdadeiras da vida, um pôr do sol, o sorriso de uma criança, uma conversa com um amigo, o silêncio da natureza. A simplicidade é uma forma de liberdade, um caminho para a paz interior.

A hospitalidade era um valor sagrado para os celtas, uma marca da sua cultura e espiritualidade. Abra a sua casa e o seu coração para os outros, receba os seus amigos e familiares com generosidade e alegria, ofereça ajuda e apoio a quem precisa, seja acolhedor com os estrangeiros e com aqueles que são diferentes de si. A hospitalidade cria pontes entre as pessoas, fortalece os laços comunitários, e promove a compreensão e a empatia.

O cuidado com a saúde é visto na espiritualidade celta como um ato de respeito pelo corpo, mente e espírito, um templo sagrado que nos foi confiado. Alimente-se de forma saudável, nutrindo o seu corpo com alimentos frescos e naturais, pratique exercícios físicos que lhe deem prazer e vitalidade, durma o suficiente para restaurar as energias, reduza o stress, cultive pensamentos e emoções positivas, busque terapias e práticas que promovam o seu bem-estar integral, como a meditação, a yoga, ou a acupuntura. A saúde é um bem precioso, um presente da vida que devemos cultivar e preservar.

Celebrar a vida em todas as suas formas, em cada momento, é um convite constante da espiritualidade celta. A vida é um presente sagrado, uma oportunidade única de aprendizado, crescimento e experiência. Dance, cante, ria, brinque, ame intensamente, abrace com carinho, sorria com o coração. Aproveite cada momento, viva intensamente, seja grato por estar vivo, por cada respiração, por cada experiência, por cada encontro. A celebração da vida é uma forma de honrar a sua sacralidade.

Sentir-se como guardião da Terra, tal como os antigos celtas, é uma responsabilidade que a espiritualidade celta nos confere. Reconheça a sua ligação intrínseca com o planeta, com a natureza, com todos os seres vivos. Faça a sua parte, por menor que seja, para cuidar da Terra, para preservar a sua beleza e os seus recursos. Recicle o lixo, economize água e energia, plante árvores, reduza o consumo de plástico, use transportes sustentáveis. Cada pequena ação conta, e juntas podemos fazer a diferença na proteção do nosso lar comum, o planeta Terra.

Criar os seus próprios rituais é um ato de autonomia e de personalização da sua espiritualidade celta. Use os rituais e celebrações ancestrais como inspiração, mas adapte-os à sua vida, às suas necessidades, às suas crenças, e crie os seus próprios rituais, que ressoem com a sua alma. O importante não é seguir regras rígidas ou copiar modelos do passado, mas sim a intenção que coloca nos seus rituais e a conexão que estabelece com o sagrado através deles.

Finalmente, a busca por uma comunidade é apresentada como uma opção enriquecedora, embora a espiritualidade celta possa ser vivenciada individualmente. Encontrar um grupo de pessoas com interesses semelhantes, que partilham a mesma busca espiritual, pode ser muito valioso para trocar experiências, aprender com os outros, celebrar rituais em conjunto, e sentir-se parte de algo maior. Procure grupos, ordens ou círculos celtas na sua região ou online, mas sempre com cautela e discernimento, buscando referências e informações sobre a seriedade e idoneidade dos mesmos. A partilha em comunidade pode fortalecer a sua jornada espiritual, mas a escolha de participar ou não é sempre individual e respeitável.

    Viver a espiritualidade celta é, portanto, uma jornada contínua, um processo dinâmico de aprendizado, crescimento e transformação. Não se trata de seguir dogmas ou regras inflexíveis, nem de tentar replicar o modo de vida dos antigos celtas, mas sim de integrar os seus princípios e valores na sua vida de forma autêntica e significativa, despertando a sua própria alma celta, conectando-se com a sabedoria ancestral, e vivendo uma vida mais plena, mais conectada e mais mágica. É um caminho pessoal e único, uma aventura do espírito que se desdobra a cada passo, a cada ciclo, a cada celebração da vida.

    Viver a espiritualidade celta é um processo contínuo, uma jornada de aprendizado, crescimento e transformação. Não se trata de seguir regras rígidas ou de se tornar uma cópia dos antigos celtas, mas sim de integrar seus princípios e valores em sua vida de forma autêntica e significativa. Ao fazer isso, você pode despertar sua alma celta, conectar-se com a sabedoria ancestral e viver uma vida mais plena, mais conectada e mais mágica.

# Capítulo 32
# O Legado Celta

A cultura celta, embora tenha florescido há milênios, deixou um legado duradouro que continua a influenciar o mundo moderno de diversas maneiras. Seja na arte, na literatura, na música, na espiritualidade ou em valores e costumes, a herança celta ressoa em nossa sociedade, inspirando-nos a buscar uma conexão mais profunda com a natureza, com a criatividade, com a comunidade e com o sagrado.

O legado celta, tecido ao longo de milénios, manifesta-se de forma surpreendente e multifacetada no mundo contemporâneo. A sua influência permeia diversas áreas da nossa cultura, desde a estética das artes visuais e do design, passando pela riqueza da literatura e da música, até à busca espiritual e aos valores que moldam a nossa sociedade. É como se um fio invisível de conexão nos ligasse aos antigos celtas, relembrando-nos uma herança ancestral que continua viva e vibrante.

No domínio da arte e do design, a marca celta é inconfundível. Os intrincados nós celtas, com as suas linhas entrelaçadas que parecem não ter princípio nem fim, as espirais que evocam movimento e crescimento, os triskeles que simbolizam a triplicidade da vida e outros símbolos enigmáticos continuam a inspirar artistas, designers e artesãos em todo o mundo. Estes símbolos, carregados de significado e beleza, transcendem o tempo e as fronteiras culturais, encontrando expressão em diversas formas de arte e design. Podemos admirá-los em joias elaboradas, adornando o corpo com a sua elegância ancestral, em roupas que incorporam motivos celtas, conferindo um toque de misticismo e tradição, em tatuagens que eternizam na pele a ligação com a herança celta, em objetos de decoração que embelezam os nossos espaços com a sua estética única, em ilustrações que evocam mundos fantásticos e mitológicos, no design gráfico que comunica visualmente a essência celta, e até mesmo na arquitetura, onde elementos celtas são integrados, conferindo um caráter distintivo e ancestral. A persistência destes símbolos ao longo dos séculos demonstra o seu poder intrínseco e a sua capacidade de ressoar com a alma humana, independentemente do tempo ou da cultura.

    A literatura, esse espelho da alma humana, foi profundamente tocada pela mitologia celta. As histórias de deuses poderosos e complexos, de heróis corajosos e falíveis, de criaturas mágicas que habitam reinos encantados, cativaram a imaginação de gerações de escritores e leitores. A mitologia celta, com a sua riqueza simbólica e narrativa, tornou-se uma fonte inesgotável de inspiração para a literatura ocidental, deixando a sua marca indelével desde as lendas arturianas, com os seus cavaleiros nobres e misteriosos, até às obras de fantasia contemporâneas que nos transportam para mundos imaginários. Pense na influência celta em obras como "O Senhor dos Anéis" de J.R.R. Tolkien, com a sua Terra Média povoada por elfos, anões e outras criaturas fantásticas, ou em "As Brumas de Avalon" de Marion Zimmer Bradley, que revisita o mito arturiano sob a perspetiva das figuras femininas. Para além da fantasia, autores como W.B. Yeats, James Joyce e outros escritores irlandeses, imbuídos da sua herança cultural, incorporaram elementos da tradição celta nas suas obras, explorando temas como a identidade, a natureza, o misticismo e a história da Irlanda, conferindo-lhes uma profundidade e autenticidade únicas. A literatura celta, com a sua magia e sabedoria ancestral, continua a encantar e a inspirar, transportando-nos para mundos de sonho e reflexão.

A música, linguagem universal da emoção, também recebeu um legado valioso da cultura celta. A música tradicional celta, com os seus instrumentos característicos que evocam paisagens verdejantes e atmosferas mágicas, como a harpa, com as suas melodias etéreas e celestiais, a flauta, com os seus sons alegres e pastoris, o violino, com a sua expressividade apaixonada, e o bodhrán (tambor), com o seu ritmo ancestral e pulsante, continua a encantar e inspirar pessoas em todos os cantos do mundo. A influência da música celta é vasta e diversificada, estendendo-se a diversos géneros musicais, como o folk, que resgatou as melodias e ritmos tradicionais, o rock, que incorporou elementos celtas em arranjos e instrumentação, o pop, que experimentou fusões com sonoridades celtas, e a música new age, que encontrou na música celta uma fonte de inspiração para atmosferas relaxantes e meditativas. Artistas contemporâneos continuam a explorar e a reinterpretar a música celta, mantendo viva a sua chama e demonstrando a sua intemporalidade e apelo universal.

No domínio da espiritualidade, a tradição celta oferece um caminho alternativo e enriquecedor para aqueles que buscam uma conexão mais profunda com o sagrado. A espiritualidade celta, com a sua ênfase na natureza como manifestação divina, na magia como força presente no mundo, na reencarnação como ciclo contínuo da vida, e na conexão intrínseca com o divino que permeia todas as coisas, tem atraído um número crescente de pessoas que se sentem desenraizadas das religiões tradicionais e que anseiam por uma espiritualidade mais experiencial e ligada à Terra. O druidismo moderno, que procura resgatar e revitalizar as práticas e filosofias dos antigos druidas, o neopaganismo celta, que celebra as divindades e festivais celtas numa perspetiva contemporânea, e outras práticas espirituais inspiradas na tradição celta têm ganho popularidade, oferecendo um leque diversificado de abordagens para vivenciar a espiritualidade celta no mundo moderno. Esta busca crescente demonstra a relevância e a atratividade da espiritualidade celta num mundo sedento de sentido e conexão com o transcendente.

Embora as línguas celtas originais tenham desaparecido em grande parte da Europa continental, como um testemunho da resiliência cultural, algumas delas sobreviveram e estão a ser revitalizadas, como faróis de identidade e tradição. O irlandês (gaélico irlandês), com a sua sonoridade melódica e história rica, o galês, com a sua pronúncia distinta e literatura vibrante, o escocês (gaélico escocês), falado nas Highlands e ilhas da Escócia, o bretão, falado na Bretanha francesa, e o córnico, que passou por um processo de revitalização notável na Cornualha inglesa, são exemplos de línguas celtas que resistem ao tempo e à globalização. Os esforços de revitalização destas línguas, através de programas de educação, iniciativas culturais e apoio governamental, demonstram o valor que as comunidades celtas atribuem à sua herança linguística como elemento central da sua identidade cultural.

Os festivais que celebramos hoje em dia também carregam ecos de antigos festivais celtas, demonstrando a continuidade das tradições e a adaptação de rituais ancestrais ao contexto moderno. O Halloween, com a sua atmosfera misteriosa e celebração dos espíritos, deriva do Samhain, o festival celta que marcava o fim do verão e o início do inverno, um momento liminar entre os mundos. O Beltane, ou Dia de Maio, com as suas fogueiras e celebrações da fertilidade e da vida, tem raízes no festival celta de Beltane, que celebrava o início do verão e a união sagrada entre o Deus e a Deusa. O Yule, que influenciou o Natal, com a sua celebração do solstício de inverno e do renascimento da luz, tem origens no festival celta de Yule, que marcava o dia mais curto do ano e a promessa do regresso da luz e da vida. Estes exemplos ilustram como os festivais modernos, embora transformados pelo tempo e pelas influências culturais, ainda preservam elementos de antigos festivais celtas, demonstrando a perduração das tradições e a sua capacidade de se adaptar e evoluir.

Os valores e costumes celtas, transmitidos de geração em geração, continuam a ser relevantes e inspiradores na nossa sociedade contemporânea. A hospitalidade, a arte de receber e acolher calorosamente os outros, a generosidade, a predisposição para partilhar e ajudar, a coragem, a força interior para enfrentar os desafios, a honra, a integridade e a lealdade aos princípios, o respeito profundo pela natureza e a consciência da sua sacralidade, e a importância da comunidade, do apoio mútuo e da solidariedade, são valores celtas que ressoam com as aspirações humanas universais e que nos convidam a construir uma sociedade mais justa, compassiva e harmoniosa. Estes valores, enraizados na cultura celta, oferecem um guia ético para a vida moderna, lembrando-nos da importância das relações humanas autênticas, da ligação com a natureza e da busca por um sentido mais profundo na vida.

O turismo, enquanto indústria cultural, também contribui para a preservação e divulgação do legado celta. Sítios arqueológicos imponentes e misteriosos, como Stonehenge, com os seus círculos de pedra enigmáticos, Newgrange, com o seu túmulo de corredor ancestral, e outros monumentos megalíticos espalhados pela Europa, atraem milhares de turistas todos os anos, vindos de todo o mundo, fascinados pela história e cultura dos antigos celtas. Estes locais, carregados de energia e mistério, despertam a curiosidade e a imaginação, convidando-nos a viajar no tempo e a conectar-nos com as nossas raízes ancestrais. O turismo cultural em torno do legado celta contribui para a economia local, promove a preservação do património e sensibiliza para a importância da história e da cultura celta.

As tatuagens, como forma de expressão pessoal e artística, adotaram os desenhos celtas com entusiasmo e criatividade. Os intrincados nós celtas, os animais simbólicos como o veado, o javali e o corvo, e outros símbolos celtas tornaram-se escolhas populares para tatuagens, adornando a pele com significado e beleza estética. As tatuagens celtas, para além do seu valor decorativo, podem representar a ligação com a herança celta, a expressão de valores como a força, a coragem e a espiritualidade, ou simplesmente a apreciação da estética celta. A popularidade das tatuagens celtas demonstra a forma como a cultura celta continua a inspirar e a influenciar as tendências contemporâneas, encontrando novas formas de expressão e adaptação no mundo moderno.

Num mundo cada vez mais globalizado, tecnológico e materialista, a tradição celta emerge como um farol de sabedoria ancestral, oferecendo uma perspetiva valiosa e necessária para enfrentar os desafios do século XXI. A sua mensagem ressoa com as nossas necessidades mais profundas, apontando caminhos para uma vida mais plena, equilibrada e significativa.

A reconexão com a natureza é um imperativo urgente no contexto da crise ambiental que enfrentamos. A espiritualidade celta relembra-nos a importância vital de honrar e proteger a natureza, de reconhecer a sua sacralidade intrínseca, de viver em harmonia com os ciclos da vida e de compreender que somos parte integrante da teia da vida. Num momento em que a exploração desenfreada dos recursos naturais ameaça o equilíbrio ecológico do planeta, a tradição celta oferece um modelo de relação sustentável com a natureza, baseado no respeito, na gratidão e na responsabilidade. Reconectar-nos com a natureza, seguindo o exemplo celta, pode ser um passo fundamental para a construção de um futuro mais verde e harmonioso para todos.

    A valorização da criatividade é essencial numa sociedade que muitas vezes privilegia a produtividade e a eficiência em detrimento da expressão artística e da fruição da beleza. A tradição celta inspira-nos a cultivar a nossa criatividade inata, a libertar o nosso potencial artístico, a celebrar a beleza que nos rodeia e a encontrar alegria e significado na arte, na música, na poesia e em outras formas de expressão criativa. Num mundo cada vez mais focado no pragmatismo e na lógica, a tradição celta recorda-nos a importância da imaginação, da intuição e da capacidade de sonhar e criar. Valorizar a criatividade, seguindo o espírito celta, pode enriquecer as nossas vidas, despertar a nossa sensibilidade e tornar o mundo um lugar mais belo e inspirador.

    O fortalecimento da comunidade é crucial num mundo cada vez mais individualista e fragmentado. A tradição celta relembra-nos a importância dos laços sociais, da cooperação, da solidariedade e do apoio mútuo. Num momento em que o isolamento social e a falta de conexão humana são problemas crescentes, a tradição celta oferece um modelo de vida comunitária, baseado na partilha, na reciprocidade e no sentido de pertença. Fortalecer a comunidade, inspirando-nos nos valores celtas, pode construir redes de apoio, promover a coesão social e criar um sentimento de pertença e segurança que é fundamental para o bem-estar individual e coletivo.

A busca por um sentido mais profundo na vida é uma necessidade humana fundamental, especialmente numa época em que muitas pessoas se sentem perdidas, desorientadas e sem propósito. A espiritualidade celta oferece um caminho de autodescoberta, de conexão com o divino e de busca por um sentido mais profundo para a existência. Através da exploração da natureza, da meditação, da introspeção e da prática de rituais significativos, a tradição celta pode ajudar-nos a encontrar respostas para as grandes questões da vida, a descobrir o nosso propósito individual e a viver de forma mais autêntica e alinhada com os nossos valores mais profundos. A busca por um sentido mais profundo, seguindo a inspiração celta, pode trazer mais clareza, direção e realização às nossas vidas.

O resgate da sabedoria ancestral é um ato de respeito pelo passado e de reconhecimento da sua relevância para o presente e o futuro. A tradição celta convida-nos a honrar os nossos ancestrais, a aprender com a sua sabedoria acumulada ao longo de gerações e a resgatar valores e práticas que podem ajudar-nos a viver de forma mais plena e significativa no mundo moderno. Num mundo que muitas vezes despreza o passado e valoriza apenas a novidade e a tecnologia, a tradição celta recorda-nos que a sabedoria ancestral pode ser uma fonte valiosa de orientação e inspiração. Resgatar a sabedoria ancestral, seguindo o exemplo celta, pode enriquecer a nossa compreensão do mundo, fortalecer a nossa identidade cultural e oferecer soluções para os desafios contemporâneos.

    A preservação da identidade cultural é de extrema importância, especialmente para os descendentes de culturas ancestrais como a celta. Manter viva a tradição celta é mais do que preservar o passado, é manter acesa a chama da identidade cultural, transmitindo os valores, as práticas, a língua e as histórias de geração em geração. Para os descendentes de celtas, a tradição celta representa um elo com as suas raízes, um sentido de pertença e uma fonte de orgulho. Preservar a identidade cultural, seguindo o exemplo celta, é um ato de resistência cultural, de valorização da diversidade e de enriquecimento do património humano.

    O futuro da espiritualidade celta afigura-se promissor, pois a sua mensagem e os seus valores respondem a muitas das necessidades e anseios do mundo contemporâneo. A sua ênfase na natureza, na comunidade, na criatividade, na espiritualidade e na sabedoria ancestral oferece um caminho para a construção de um mundo mais equilibrado, justo, sustentável e harmonioso. O interesse crescente pela cultura e pela espiritualidade celta nas últimas décadas indica uma tendência que deverá continuar a intensificar-se. Cada vez mais pessoas procuram formas de se reconectar com as suas raízes, com a natureza e com o sagrado, e a tradição celta oferece um caminho rico e inspirador para esta jornada de busca e autodescoberta.

No entanto, é fundamental que este resgate da tradição celta seja feito de forma consciente, respeitosa e responsável. Devemos evitar a apropriação cultural, que desvirtua e desrespeita as culturas originárias, a romantização excessiva do passado, que idealiza e simplifica realidades complexas, e a criação de estereótipos redutores e caricaturais. É essencial buscar um conhecimento profundo e autêntico da cultura celta, aprendendo com fontes confiáveis, respeitando as diferentes tradições e linhagens, e adaptando os ensinamentos ancestrais à nossa realidade contemporânea com discernimento e sensibilidade. O futuro da espiritualidade celta depende da nossa capacidade de honrar o passado, de viver o presente com consciência e de construir um futuro em que a sabedoria ancestral dos celtas possa continuar a inspirar e a guiar a humanidade para um caminho de luz e harmonia. Que possamos ser dignos deste legado valioso, e que possamos utilizá-lo com sabedoria e responsabilidade para criar um mundo mais belo, mais justo e mais mágico para todos.

Este é o fim do livro "Os Rituais Celtas: Um Guia Prático e Espiritual". Espero que tenha sido uma jornada enriquecedora e inspiradora para você. Que a sabedoria ancestral dos celtas possa iluminar seu caminho e fortalecer sua conexão com a natureza, com o divino e com sua própria essência. Que a magia celta esteja sempre presente em sua vida!

# Epílogo

A jornada através das páginas deste livro não foi apenas uma viagem ao passado, mas um convite ao presente — um chamado para despertar a espiritualidade ancestral que habita em cada um de nós. Os celtas, com sua profunda conexão com a natureza e seu entendimento dos ciclos da vida, nos deixaram um legado que transcende o tempo. Eles nos ensinam que a espiritualidade não é uma doutrina rígida, mas um fluxo contínuo de aprendizado, celebração e transformação.

Cada ritual descrito aqui, cada símbolo, cada tradição resgata um conhecimento há muito tempo adormecido, esperando por aqueles que têm olhos para ver e coração para sentir. Talvez você tenha encontrado, ao longo destas páginas, um eco de algo familiar, uma lembrança sutil de que sua alma já trilhou este caminho antes. Isso porque a sabedoria celta não pertence apenas ao passado; ela é atemporal e continua a sussurrar ao vento, nas águas dos rios, na luz do sol e na dança das folhas ao cair do outono.

Agora, ao fechar este livro, surge a pergunta inevitável: e agora? O que fazer com todo esse conhecimento, essa magia e essa conexão resgatada? A resposta é simples, mas profunda: viver. Viver com a consciência de que cada amanhecer é um novo ciclo, cada estação traz consigo seus próprios ensinamentos e cada respiração é uma prece.

Os celtas viam a existência como uma grande dança, onde o visível e o invisível se entrelaçam continuamente. A espiritualidade celta não pede templos grandiosos, dogmas inflexíveis ou sacrifícios complexos. Ela pede apenas que nos reconectemos com o sagrado que já está à nossa volta — na terra sob nossos pés, no fogo que aquece nossos lares, na água que nos purifica e no ar que nos inspira.

O verdadeiro ensinamento deste livro não está apenas nas palavras que foram lidas, mas naquilo que foi sentido. A cada ritual praticado, a cada conexão estabelecida, você fortalece os laços com sua própria essência e com o mundo natural. Mais do que seguir instruções, trata-se de escutar a intuição, pois é nela que reside o verdadeiro conhecimento.

Se há algo que os celtas nos ensinaram, é que não existe um fim definitivo — apenas ciclos que se renovam. O encerramento desta leitura é, na verdade, um recomeço. Que as lições absorvidas aqui ecoem em sua vida cotidiana, que a Roda do Ano se torne mais do que um conceito e que os ritos sagrados ganhem espaço em seu caminho.

Que a magia celta floresça em sua vida, e que os ancestrais guiem seus passos com sabedoria e proteção. O legado dos antigos continua vivo em cada um de nós, esperando para ser lembrado, celebrado e honrado.

Que sua jornada seja iluminada e que os deuses e espíritos da natureza sempre acompanhem seus passos.

www.ingramcontent.com/pod-product-compliance
Lightning Source LLC
LaVergne TN
LVHW040053080526
838202LV00045B/3613